卡耐基培训教材

最新增补修订版

世界销量过

10,000,000册

卡耐基说话技巧与人际交往

THE ART OF COMMUNICATION AND WISDOM OF LIFE

[美] 卡耐基◎著

李锦清◎编译

时代出版传媒股份有限公司

北京时代华文书局

图书在版编目（CIP）数据

卡耐基说话技巧与人际交往 /（美）卡耐基著；李锦清编译．—北京：北京时代华文书局，2014．4（2018．4重印）
ISBN 978-7-80769-788-6

Ⅰ．①卡… Ⅱ．①卡… ②李… Ⅲ．①语言艺术－通俗读物 ②人际关系－通俗读物
Ⅳ．①H019-49 ②C912.1-49

中国版本图书馆CIP数据核字（2014）第192910号

卡耐基说话技巧与人际交往

著　　者 |（美）卡耐基
译　　者 | 李锦清

出 版 人 | 杨红卫
选题策划 | 马剑涛
责任编辑 | 李凤琴
装帧设计 | 润和佳艺
责任印制 | 刘　银　王　洋

出版发行 | 时代出版传媒股份有限公司　http://www.press-mart.com
北 京 时 代 华 文 书 局　http://www.bjsdsj.com.cn
北京市东城区安定门外大街136号皇城国际大厦A座8楼
邮编：100011　电话：010-64267955　64267677
印　　刷 | 北京盛彩捷印刷有限公司　010-60530960
（如发现印装质量问题，请与印刷厂联系调换）
开　　本 | 710×1000mm　1/16
印　　张 | 14
字　　数 | 220千字
版　　次 | 2014年11月第1版　2018年4月第11次印刷
书　　号 | ISBN 978-7-80769-788-6

定　　价 | 32.00元

序言

卡耐基说话技巧与人际交往

芝加哥大学和青年会联合学校曾进行一次调查，确定成人究竟要研究些什么。那笔研究费用是2.5万美元，同时花了2年的时间，调查的最后一站是康涅狄格州的梅勒登。这个地方被人认为是典型的美国市镇，镇上的每一个成年人都作为访问的对象，同时请他们回答出156个问题。比如，你的职业或专业是哪一行？你的教育程度如何？你的志愿是什么？你需要解决的问题是哪些？你如何利用暇余的时间？你的收入是多少？你的嗜好是什么？你最喜欢的学科是什么？……

调查结果显示，健康是最被关注的问题。其次就是如何了解别人，如何与人相处，如何使人喜欢你，如何使他人同意你的想法等类似的问题。

进行这项调查的委员会决定，替梅勒登的成年人举办一种这样的课程。他们努力地寻求有关此类的实用书籍，可是却没有找到一本合适的。最后，他们去见一位世界著名的权威成人教育家，问他是否有合乎这些成年人所需要的书。

“没有，”那位教育家回答，“虽然我知道那些成人需要些什么，但是他们所需要的这类书却从未有人写过。”

我根据多年的经验，知道他所说非虚。我自己也花费了多年的时间，寻求一本实用有效的、关于人与人之间关系的书籍。

正因为很多人希望有这样的书，我才尝试写一本，就是这本书——为我的讲习班所写的。希望你也会喜欢它。

为了撰写这本书，我研读过所有我能找到的、有关此类题材的资料，包括迪克斯报纸信箱回答，其他如离婚法庭的记录、双亲杂志，以及多种著名的著述。同时，我还雇用一位受过训练的人去研究、探索。他花费了一年半的时间，在各图书馆中阅读我所遗漏了的资料，探究各种心理学的专集，寻觅多种杂志文章，探索无数的伟人传记，要找出各时代大人物是如何应对人际关系的。

我们读过各时代的伟人传记，读过那些领袖人物的生平记事，从凯撒到爱迪生，有关罗斯福的传记我就收集了100多本。我们决定不惜任何时间、金钱，毫无遗漏地找出自古以来所用过的，关于交友和影响他人的切实的意见。而我也曾经亲自访问过世界著名的成功人物，尽量从他们身上找出他们在人与人关系上所运用的技术。

从这些资料中，我准备了一篇简短的演讲稿——《如何赢得友谊和影响他人》。起初这篇文章是短的，后来将内容伸展扩大，现在已是一篇需要用1小时30分钟时间的演讲稿了。这些年来，我每一季在纽约卡耐基研究院课程中，都把这篇演讲稿说给他们听。

事实证明了本书的价值。有很多人运用了研究会讲习班上的原则，获得了友谊和爱情。推销员们使用本书的方法，则赢得了更多的客户，销售记录骤然提高；公司机构的高级职员使用这些原则，不但获得了更大的职权，而且还增加了他们的薪俸；而参加课程的先生和太太们，运用这些原则后，家庭关系也更加和谐了。

因此，我确信本书记载的方法是有效的，当然，前提是真正按照本书的原则去做了。这就是一本行动的书！如果你看完这本书的前3章后，对你来说没有什么启发，我认为这本书是一个完全的失败！因为，教育最大的目的，不仅是求知识，而是实际的行动。

好了，现在让我们言归正传，开始行动起来，做个受欢迎的人！

目录

卡耐基说话技巧与人际交往

第一部分 说话技巧篇

第一章 如何成为优秀谈话家

第二章 如何获得他人的赞同

第三章 如何保证流畅沟通

第四章 如何有效说服他人

第五章 如何进行工作沟通

第二部分　人际关系篇

第六章　突破社交心理障碍

第七章　塑造社交良好形象

第八章　增加友谊的方法

第九章 让你充满吸引力

第十章 婚姻与爱的艺术

第一部分
说话技巧篇

第一章

如何成为优秀谈话家

像百灵鸟一样的声音

▶ 你是喜欢听百灵鸟的婉转声音，还是喜欢听乌鸦的破锣嗓子呢？如果你的听觉正常，那么答案是毫无疑问的。好听的声音吸引人，声音好听的人在谈话中也更有优势。若你想获得社交方面的优势，那么使自己的声音更富有感染力就是理所当然的事情。

声音是你讲话内容的载体——你的声音反映出你的感觉、你的心情和现在的状态，是你说话中强有力的、必不可少的工具。说话高手总是善于树立自己的说话风格，他们的声音与众不同、语调生动有趣、举止恰到好处……凡是与他们有关的东西都能够体现出他们的特色。对说话高手而言，只有这些风格才是真正有价值的。为了拥有自己的说话风格，你需要进行一系列重要的基础训练。

当我们与听众交流思想的时候，要用到许多发音组织和身体的各个部分。我们会做出这样的动作：耸肩、挥动手臂、皱眉、提高音量、改变高低调门和音调，并且依据场合与题材变换语速，以发出不同的声音来。需要注意的是，我所强调的是声音的效果而不是声音的产生，即物理品质。

那些东西已经无法改变，而声音的效果则受到说话者的情绪、状态的影响，这就是我强调说话者必须要热情的原因之一。因此，你需要一开口就与众不同。

不幸的是，我们大多数人会随着年龄的增长失去幼时的纯真和自然，在不知不觉中落入一定的、为我们所习惯的沟通模式中去，这样就使得我们说起话来越来越没有生气。更重要的是，我们也越来越不会使用手势，并且不再抑扬顿挫地提高或放低声音。总之，我们正在逐渐失去真正交谈时的那种鲜活和自然——我们失去了那个独特、富有个性的自我。

生活中我们会有太多不正确的习惯需要改正，比如，我们也许已经养成了说话太快或太慢的习惯；我们的用词一不小心就会非常散乱。我经常强调，你在说话的时候要自然，也许你会误以为可以胡乱地遣词造句，或以单调无聊的方式表达。其实不然，我要求大家讲话自然，是要你把自己的意念完整地用词语表达出来。从另一个角度来说，说话高手绝不会认为自己无法再增加词汇，无法再运用想象和措辞，无法变化表达的形式和增强表达的效果。这些都是追求精益求精的人们所乐于去做的。

对于迫切想要学会说话技巧的人来说，首先要学会塑造自己的讲话风格，你最好注意一下自己的音量、音调的变化和说话速度，这是非常具有实用价值的。

你可以通过这样的方法去照做：把你说的话录下来，也可以请朋友给你指出来，当然，如果能让专家来给你指导的话则会更好。不过，这些都是没有说话对象的练习，跟实际说话完全不同。一旦站在人们面前，你就要将自己的全部精力投入到讲话之中，以引起对方的共鸣。

其次，你要选择好自己的说话声音——这完全取决于你的个性、场合以及你所要表达的感情。通常情况下，你的发音要做到清脆而洪亮。说话清晰才显得有自信心、目的性明确和善于表达，这会给对方泰然自若的感觉。在公众场合，如果别人的谈话正处在争论不休的阶段，这时你站起来说一句话，语句简短、声音洪亮，就会产生震撼人心的作用。

如何控制你说话的音量呢？你讲话时的声音能够让大家都听到吗？我指的是你的声音足够大而且清晰。如果你所处的场合是两三个人的促膝而谈，那么在这种谈话中，你可能比较容易做到这一点。事实上，如果此时你的音量过大的话，反而会使人以为你在跟人争吵。但是，如果你面对的是成百上千个听众，比如，站在广场上发表演讲时，你则应该尽量让更多的人听到。因为如果他们没有听到的话，他们就会忽略你所说的内容，而不是提醒你大声讲或者重新讲述。因此，你要根据情况的不同调整你的音量。

如果你平时的声音非常小，那么尽量提高你的声音。因为声音小会给人一种懦弱、不自信的感觉。但是也不要使你的声音过高，你只需要让对方听清楚就可以了，否则会给对方以粗鲁的感觉。注意重音的变化会使你所要表达的意思发生不同的变化。当你需要强调某一个重点的时候，你可以适当地提高音量，这样可以引起大家的注意。当然，有的时候适当地降低音量也能使你达到这个目的。你要记住这一点：在任何情况下，音量的变化都可以使你说话的重点突出。

我们看一下林肯是如何巧妙利用重音的变化为自己解围的。

有一次，林肯正低着头擦拭自己的靴子，恰巧被一位外国外交官看见了，他嘲讽林肯说：

"总统先生，你经常给自己擦靴子吗？"

"是的，"林肯答道，"你经常给谁擦靴子？"

林肯的这句话巧妙地转移了对方的重音，使自己脱离了被嘲讽的境地，并置对方于尴尬的处境。如果你能巧妙地转移别人的说话重音也能营造一种幽默，化解不必要的麻烦。

此外，声音可以富有变化和层次感，声音的高低会影响到听者的情绪。如果你一直采用高音来说话，有谁愿意听这样尖锐的声音呢？而且，当你普遍地使用高音的时候，你的声音会显得过于单调。因此，你必须在音量上有所变化，这样能够使你的声音悦耳而且更有活力。与调节音量一样，当你要阐明某个观点时，变音也会使你更加积极地传达信息。你可以采取略高或略低的声音来表示你对某个观点的重视程度。

我们平时与人交谈时，声音会高低起伏不断变化，就像大海不断起伏一样。为什么会这样呢？没有人知道，也没有人关心这个问题。但是，这种方式显然能使人感到愉快，而且它也是一种很自然的方式。然而，当我们开始某种正式的讲话时，我们的声音却变得枯燥、平淡而单调，就像一片沙漠一样。当你发现自己出现以上状况时，就要停下来反省了。

对于说话和声音的掌控，我们需要避免下面几种错误的方式：

第一，你必须使对方感觉到，你对自己所讲的内容是非常自信的。当你的声音颤抖或者犹豫的时候，对方会以为你对所说的没有把握。如果连你自己都对你所说的没有把握的话，又怎么让对方对它产生兴趣呢？

第二，不要使你的话听起来像是在自言自语。声音过低或者不清晰，听起来会让人不确定你想要表达怎样的意思。你可能本来就不打算让对方听到你的这些话，但是他们模糊地听到了，却不知道你讲的是什么，他们就会怀疑，或许你说了一些对他们不利的东西。

第三，如果你的牙齿紧紧咬合，可能会更加糟糕，你的双唇像腹语者一样紧闭不动，那么毫无疑问，你正在用鼻音说话。用鼻音说话导致的最大问题就是发音含糊不清。这样对方会以为你在抱怨，而你则会显得恹恹而无生气，非常消极。

第四，如果你的声音像飞机降落时候的制动声，对方会感到你十分可厌，因此不想听你讲话。过高的声音会使你的讲话具有攻击性，他们会以为你正处在一种压倒、胁迫他们的立场，而这不是他们所愿意的。所以当你喊着要大家听你话的时候，没有人会愿意听从你的意见。

第五，你可能会造成这样的情况：当到了一句话的结尾或者关键的地方，你的声音慢慢地低下去，最后就没有了。这样会使句子听起来不完整。你要相信，对方不会愿意去猜测你后面到底讲了什么东西。

第六，要想声音娓娓动听，最好不要夹杂地方口音。当然，如果你确实要用的话，你必须运用某种方法进行强调，而不要让人们以为你的发音不标准。

第七，无论你的意图如何，它最终都是通过声音来表达的。因此，如果你的声音里含有傲慢、蔑视或者其他消极的情感因素的话，你就会伤害听你讲话的人，或给别人一种不受尊重的感觉。

当你处于一种消极状态的时候，如果你将它掺杂到你的声音中，人们会把它想象得比真实情况要糟糕得多，转而分散自己的注意力。比如，你稍微的挫折感可能被理解为歇斯底里，而你的失望可能被理解为绝望。因此，你必须在你的语调中显示出你诊治后的感情来，这样才能以积极的方式去吸引对方的注意力。

语调是灵魂的音乐

▶ 语调是语言的表情，传达着某种言外之意的感染力。语调表达出的意思比你想象中的要多得多，它给你的话语注入情感与灵魂，使你的话更富有生命力。对于不同的人、不同的场合以及不同的话，使用不同的语调，才能获得更好的效果。

第一次世界大战后不久，我因为同事德玛斯的原因逗留在阿拉伯。一天，我闲逛进了海德公园，走到了大理石拱门附近——我知道经常有各种各样的人在那里谈论问题，并且想听听他们的谈话。

我注意到其中三位主讲人周围的听众人数的变化。一开始，那位鼓吹一夫多妻制的演讲者的听众最多，但是到后来，他的听众越来越少，而围绕在另外两个演讲者周围的人却越来越多。你知道这是为什么吗？难道是因为话题的原因吗？

我对这个问题进行了研究。我发现：那位多妻制的鼓吹者，自己好像对讨三四个老婆并没有多大的兴趣，他的语调听起来也一点都不高兴，人们因此觉得他讲得很枯燥无味；那两位拥有完全对立观点的人，却都沉浸在自己的演讲当中——他们情绪高昂，并且挥动着手臂，声音高亢而充满信念，散发着热情和生气，这种热情感染了人们。原来，正是演讲者不同的态度和语调引起了听众人数的变化。

语调就是说话人的语气和声调的变化结合，它表达了话语中包含的情感。在说话的时候，你需要让语调来表现出比你说话的具体内容更多的信息，或者说，语调实际上也是你说话内容的一部分。比如，当你的话听起来很真诚的时候，你实际上是在对对方说："我所想的就是我所说的，我所说的就是我所想的，我这样做实际上是对你的尊重。"这样一来，对方自然会更加相信你所说的话。

我相信你也听过类似于这位鼓吹一夫多妻制的演讲者的讲话，他们的语调平淡、生硬，没有激情，他们对自己所讲的题目没有表现出多大的兴趣，好像在有气无力地念书稿一样。这样的说话方式能吸引你吗？当然不能。

为什么很多人讨论的话题是很有吸引力的，却并没有起到预期的效果呢？实际上，语调传达的信息远比我们想象的要多得多。语调就像说话者的表情一样，向对方传达着某种言外之意的感染力。当你接到一个人的电话的时候，如果他的语气热烈，那么你即使没有见到他，也可以判断出他很高兴；但是如果他的语气很平淡，那么即使他告诉你一件值得高兴的事，你也会认为这没什么好高兴的。

懂得说话的人，不仅会塑造自己的个性声音，使其悦耳动听，而且他们的语气和语调也很有感染力，总能拨动人的心弦，引起对方的共鸣。据说，一个意大利演员用悲怆的语调朗诵阿拉伯数字，听的人居然被感动得潸然泪下，而一位中国艺术家朗诵菜谱则像诗歌一样动听。又比如，普普通通的一个语气词——啊，运用不同的语调，可以分别表达"我明白了"、"没听清"、"惊讶"、"终于知道了"等诸多含义——这正是语调使得你说的话变得声情并茂。

很多人存在这么一种错误的认识——他们认为语调和嗓音一样，都是天生的，并没有意识到自己的语调存在着问题。要注意的问题是，这种不当的声音会让对方很麻木，并同时失去对说话内容的注意力，从而没有心思去思考你说话的内容；而有语调的声音则会产生完全相反的效果。

我们走入了这么一种思想误区——很多时候我们花费更多的心思寻找说话的内容，但是最终搞砸我们的却是我们的语调。拿起听筒，听到一个"喂"

字，无须再多说什么，从这一个字里，我们就已经知道男朋友是不是还对我们拥有火一般的激情，母亲是不是没有睡好觉，好友是不是已经顺利通过了考试……如此众多的讯息，都包含在这么一个声音的变化——语调中。

“嗓音是身体的音乐，语调是灵魂的音乐”，这句话说得很对。我们悲伤的时候，语调是苍白空洞的；经过一夜狂欢，我们的语调变得有气无力，底气不足，一个星期的海边度假，又可以让我们的语调重新恢复活力和弹性。

你注意到你声音的语调了吗？是慷慨激昂的，还是抑扬顿挫的？或者是平和舒缓的？选择合适的场合运用好你的语调，你可以让你的声音同样表达出丰富的表情。

使用富有韵律的语言

▶ 如果你的话语如同机枪扫射，很可能会让别人感到难受。我们说话的时候，要有节奏，该快的时候快，该慢的时候慢，该起的时候起，这样有起伏有快慢，有轻重，才形成了口语的乐感和悦耳动听。

口语中有规律性的变化，叫节奏。有了这个变化语言才生动，否则显得呆板。有位意大利的音乐家，他上台不是唱歌，而是把数字有节奏地、有变化地从1数到100，结果倾倒了所有的听众，甚至有的感动得流下了眼泪，可见节奏在生活中是多么重要。

你肯定希望自己能够给人干练、明快的印象，那么，你就必须掌握好说话的节奏，这就是说话节奏的魅力所在。影响说话节奏的主要因素有两个：说话的快慢和说话内容的简繁。如果你说话太快，以至于某些词语模糊不清，他人就会听不懂你所说的东西；节奏太慢又会表明你过于拖沓，过于迟钝。在语言交流中，讲话的快慢程度会影响你向对方传达信息。速度太快就如同音调过高一样，会给人以紧张和焦虑的感觉。

华特·史狄文思在著写的《记者眼中的林肯》一书中说道：

“他（指林肯）会以很快的速度说出几个字，但是遇到他希望强调的词句时，就会拖长声音，一字一句说得很重。然后，他会像闪电一样迅速地把整个句子都说完……他会尽量拖长所需要强调的字句，差不多与说其他五六句不重要的句子所使用的时间一样长。”

下面你尝试着说出这样一句话：“今天我们要向大家介绍的就是我们公司的这款商品。”当你在说这句话的时候，你可以先用平缓略低的声音说到“公司的”这三个字为止，然后稍作停顿，热情地大声说出“这款商品”利用这种技巧你一定能够收到意想不到的效果。

但是需要注意的一点是，我虽然并不反对你刻意延缓某些词句的速度，以突出这些或另外一些内容(这根据你的音调来决定)。但是，如果你整篇说话或者大部分篇幅都这样，我则建议你千万不要这么做。因为这处处刻意的拖延手法，会让人觉得非常厌烦，最终不堪忍受，如此便达不到你所预期的效果。

我们在说话中，需要明确这么一个说话的目的：社交语言要简洁、精练，并尽可能地承载更多和更有用的信息，这样才能使你的说话节奏明快，使听众觉得你果断、直接和对说话内容的肯定。如果空话连篇、言之无物，你的说话节奏必然拖沓，并且似乎很犹豫，好像在回避什么东西似的。

知道了这一点，那么你就不难明白为什么有些人在表达自己观点的时候陈述得太多，而且持续的时间太长，结果遭到了彻底的失败。林肯在葛底斯堡讲话中，他只讲了两分钟，全篇讲话才不过226个字，但是他的竞争对手爱德华·伊韦瑞特却讲述了两个小时。结果不难得知，林肯获得了成功。

因此，为了使你的说话不拖泥带水，你最好确保自己的信息简短、直接。为了达到这一点，你可以采用下面的方法来安排你需要表达的信息。

第一，表达的信息要直接。你需要尽快地直达主题，让对方更为直接地了解你所要表达的意思，这样你所要表达的信息才会听起来更加清晰明了。但是很多人却总喜欢旁敲侧击，疏不知，这种做法容易分散对方的注意力。

第二，用最简洁的词汇。对于你要陈述的重要观点，你需要记住这一点：词汇或句子越少越好。有这么一句老话可以很好地表达我的意思，它是这么说的：“我问你几点钟，你不用告诉我表的工作原理。”

话虽如此，但是事实却并不是这样。明明可以用少数词句就可以表达清楚的观点，很多人却总是喜欢用过多的词句，甚至堆砌故事、人物、数字来说明他的主题——你需要避免过多的修饰，它只会破坏你的表达。

一个十几岁的孩子第一次参加正式的舞会，他的父亲这样教导他说："你也许不应该在今晚的舞会之前、之中或之后喝酒。"

这位父亲在这句话中犯了哪些错误呢？

首先，像"也许"这样缺乏说服力的限制词或关联词，听起来叫人不那么肯定你要表达的究竟是什么意思，对方可能不明白你所肯定的是什么。

其次，"之前、之中或之后"这样的词汇无非就是要说明不允许他喝酒这么一个目的，何须加了这么多修饰的词语呢？这样就给人留下不果断、不直接和不坚决的印象，还会使你的表达不够简洁。

再次，明确你的中心思想。你所说的话中，也许存在多个主题，这样的结果是什么呢？这将使你和对方的精力都被分散。实际上，你要把一个主题讲得很透彻都十分困难，所以更不可能把每个主题都讲透。如果非得这样，那么每个主题你都只会浅尝辄止，因此跟对方讨论各种话题会影响你主要观点的表达。

此外，很多人喜欢注重细节的描述。这并没有错，但是你必须注意一个前提，即不能影响你的主题的表达。如果你把精力和时间都放在这些细节中，那么，你的信息重点就会不清晰。千万不要期待对方会花费更多的努力、精力或时间来分析解读你的观点，大多数人都不愿意这么去做。所以，通过你的表达，让对方直接得到重要的信息，这才是最重要的。

在控制节奏、表达想法的时候，记住下面几个要点：

（1）不要过多地重复你说话的内容，你可以适当地重复从而强调相关的内容，但是你必须保证自己是有意识这么做的，而且尽量让对方知道这一点，不然他们会怀疑你很拖沓。

（2）你需要尽可能简单明了地把你的意思表达清楚。

（3）你可以修饰你所说的话，但是你的意思必须让对方明白。

体态和表情的感染力

> 你的体态和表情会影响到对方对你的判断，千万不要小看，非语言信息所传达出的信息比语言本身更富有内涵——恰当的体态动作可以让人变得积极，愉快的面部表情使你看起来诚实而友好。

柯恩登在为林肯写传记时，用这样的文字来描写他：

"林肯更加喜欢用脑袋来做姿势，他会经常运动头部。当他想要强调某个观点的时候，这种动作特别明显。有时，这种动作会戛然而止……随着演讲的进行，他的动作会越来越随意，最后趋于完美。他有完全属于自己的自然感和特点，这使得他变得很高贵。他瞧不起虚荣、炫耀和做作……有时为了表示喜悦，他会高举双手大约成50度，手掌向上，看起来好像要拥抱那种情绪。当他想表现厌恶时——比如对黑奴制度——他就会举高双臂、握紧拳头，在空中挥舞，表现出强烈的厌恶感。这是他最有效的手势，表现了他最坚定的决心，看起来他好像要把这些东西扯下来烧了一样。他总是站得很规矩，双脚并齐，绝不会一脚前一脚后，也绝不会扶在什么东西上面。在整个演讲中，他的姿态和神态只有稍微的变化。他也绝不会乱喊乱叫，不会在台上走动。为了使双臂轻松，他有时也会用左手抓住衣领，拇指向上，而只用右手来做手势。"

林肯的肢体语言所呈现出的信息是如此丰富，奥古斯都·圣高顿还根据林肯演讲时的一种姿态为他雕塑了一座雕像，立在林肯公园内。当然，你没有必要一定要模仿林肯的姿势，但是你一定需要注意你的姿势。

你要知道，非语言信息所传达出的信息比语言本身更富有内涵。你的体态，包括你的表情、身体姿势和手势所传达出的信息构成了你的一种肢体语言。这种信息，更具有丰富的意义和说服效果，成为你个性魅力的展示，并作为你独特的形象深入人心。

当别人对你做出“他懒吗”“病了吗”“累了吗”如此评论时，你就应当找出问题的根源了。如此消极猜测的话，很可能是因为你呈现给他们的体态中，含有了这类信息。当然，仅仅注意这些还远远不够，你需要更加完善和丰富你的体态，可以从下面几方面着手来做。

第一，面部表情。面部表情具有极其丰富的含义。人们常说眼睛是心灵的窗户，那么，脸就是心灵的外观，你的所有情绪都写在你的脸上——如果你不是一个善于控制情绪的人的话。无论如何，你可以而且往往会通过表情传达更多的信息。

表情有喜怒哀乐，但是对说话的人来说，一般情况下最重要的表情是微笑，它是拉近你和对方距离的最简单有效的方法。当然，还有更多的表情，这要看你的说话内容而定了。

第二，身体姿势。在你讲话之前、听话的过程中，尤其是在演讲的时候，如果你必须面对对方坐下，你就必须注意坐姿。不要四处张望，那非常像是一只动物在找一处可以躺下来过夜的地方，而不是对对方的谈话更加有兴趣。

在你坐下来的时候，不要玩弄衣服或别的什么东西，这会分散对方的注意力，而且这样会使人觉得你不够稳重，没有自制力。所以，你必须保持静止状态，控制自己的身体。

当你准备讲话的时候，不论你是站着还是坐着，挺起你的胸膛，显出你很有自信的样子。不要等到面对听众时才这么做，你平时就需要这么做。

罗瑟·古里柯在《高效率的生活》一书中说道：现在，10个人中都找不出一个能让自己保持最佳状态的人。可见，很多人都还没有意识到身体姿态对于说话的重要性。他建议我们平时就要注意这方面的练习，在说话的时候更要

“把自己的脖子紧紧贴住衣领”。

第三，手势。手，人类身体最灵活的部位，手的表情——手势使人类肢体语言具有最丰富的内涵。手势语言是人类在漫长进化历程中最早使用的一种沟通工具，手势语言是运用手指、手掌和手臂的动作变化来传达信息的一种无声语言。它使用的范围很广，便捷、灵活、变化多样，不仅能辅助有声语言，甚至有时还可以替代有声语言。正因为此，有人称手势语言为人类的“第二语言”。

手势是最自由和最强有力的体态语，也正是这个原因，人们往往也最容易犯错误。我将重点讲述手势语，主要讲当你站着讲话时的手势。

那么在讲话时，你应该如何利用好你的双手呢？在你开始讲话的时候，最好忘记自己的手，你不用担心会失去它。它们会很自然地下垂在身体两侧，那是最好的一种姿态。当然，在需要的时候，你会记得用它们来做出恰当的手势的。

大多数人也许会保持这么一种姿势，他们要么把手放在背后，或者插入口袋里，或者放在桌子上，因为这样做能减少紧张感。这时，你更没有必要在乎它。许多人都是这么做的，即使伟大的罗斯福总统有时也会这么做，好像这种姿势具有非常大的诱惑力似的。

在我的教学生涯中，我曾经依照教科书里面所说的东西来教授我的学员，让他们学会如何采用姿势。我只是照搬老师灌输给我的那些理论，从而养成了一些坏习惯。我永远无法忘记第一次上演讲课的情形：

老师叫我把手臂轻轻地垂在身体的两边，手掌朝后，所有的手指蜷曲成一半，大拇指碰着大腿。然后，我举起手臂，画出一道弧线，以便让手腕优雅地转动。接着，我再张开食指，然后张开中指，最后是小指。当我全部完成这套看起来相当完美的动作后，手臂还要回到刚才的那道弧线，再放到身体两侧。

实际上，这套生硬的动作在我讲话的时候没有丝毫用处，而我却用它来教我的学员。有一次，我看到20个人同时在做这样的姿势，他们都像打字机一样机械地做着动作，显得十分可笑。其实，从来没有一套标准的手势是适合所有说话者的，除了一些经验之外。每个人都是从自己的内心出发并根据自己的思想和兴趣来培养的。唯一有价值的手势，就是你天生学会的那一种。

手势完全不同于衣服：衣服可以穿上换下，而手势却是发自内心的。就像大笑、腹痛、晕船一样。一个人的手势，是属于他个人的东西。

在讲话的时候，政治家布莱安经常会伸出一只手，把手掌摊开；格雷斯顿则经常拍桌子或者踏地板，发出很大的声响；罗斯伯利则会高举右臂，然后用力向下挥动。这些演说家都具有深邃的思想和坚定的信念，这使得他们的姿势强而有力，出于自然。自然和有活力正是行动的最佳表现。我们既不能邯郸学步——身材高大、动作笨拙的林肯不能用短小精悍、动作敏捷的道格拉斯的手势，也不能刻意地让自己做出某种姿势。

多年前，我有幸听到了吉普希·史密斯的传道——他曾使几千人信奉了基督。他使用的手势很自然，一点都不做作。只要你练习运用这些原则，你就会发现，你也是用这种方式在做出你的手势。我无法举出任何法则好让你去遵守，因为这一切都取决于讲话者的气质、热情和个性、准备的情况，以及讲话的主题、对象和场合的情况。

既然如此，我们只要随心所欲地发挥就好了，只有那些你内心当中的冲动和欲望才是最值得信任的，这些东西给你的指导最重要。但是你还是需要注意下面几点，以更好地提升你说话的力度，塑造你完美的形象：

（1）不要过多地重复同一种手势，那将会给人留下枯燥的印象。

（2）不要用肘部做短而急促的动作，由肩部发出的动作看起来要好很多。

（3）手势不要结束得太快。

让你的语言精致起来

▶ 使用修辞，可以使语言更加精致而富有感染力。使用通俗易懂的话语，有利于人们的交流。运用人们熟悉的东西来说明他们不熟悉的东西，这会使你显得更加高明。这些说话的技巧，非常重要。

如果想要在辩论中取胜，你必须采用各种各样的更容易为人所接受的方法来改善自己的话语，以使它更有分量，使人们更加相信你。而这种方法就是通常所说的修辞。如果你注意了的话，你就会发现，律师之所以能言善辩，正是因为经常用到它。

通常我们所用到的修辞有如下几种，我在这里进行简略的说明。

（1）比喻。比喻更容易为人所接受，更形象生动，更具有说服力，主要在于运用两者类似的地方进行比较，就更加容易让人明白。

（2）夸张。在说话的时候，如果你想要强调某一点，适当地运用一些夸张将是一个非常好的办法。你是不是有时候也会这么去做？当你想要对方快一点的时候，你可能会对他说："希望你弄完的时候，我还不至于变成'木乃伊'！"你和对方都知道，你至少在这么短的时间里变不成"木乃伊"，但是你却很明显地夸大了事实。

实际上，这种修辞方法就在于刺激别人的神经，让别人考虑到你所认为的对方的某种做法可能会产生严重后果。比如，你也许会说："你这样做，就好像是打开了潘多拉的盒子。”而他肯定也知道你说这话的意思。

（3）反复。以相同的节奏重复同一个意思，这种修辞方法就叫做反复。这种修辞方法的好处在于，你不仅能够把听众的注意力吸引住，从而让他们知道你的主要观点是什么，而且能够将你的主要思想与整个演讲融为一体。

比如，一个演说家在谈论某个部门的时候说：

“这个系统，它有着糟糕的公众服务，政府雇员的数量却远远超过了工厂。”

“这个系统，它有着一个好管闲事的政府，每时每刻都准备插手你的商业事务和私人生活。”

“这个系统，它吞噬了整个国家将近一半的财政预算。”

通过这种反复的修辞方法，这位演说家让听众相信了：这个部门确实存在很多问题而急需改革了。

（4）引用。我们常用“引经据典”的修辞方法来加强说服力，实际上，这种修辞方法是我们最常用到的。我就经常在本书里大量地引用著名演说家(比如林肯)和学员的故事来说明我的观点，事实证明，这样的确收到了很好的效果。

有时候，我们并不打算引用一个冗长的故事，而只选择了某人说过的某一句话，甚至某一个词。还有这样一种情况，我们有时候引用一句古话(比如中国的古话)或俗语来说明我们的观点，这样也非常有效。引用不仅简单有效，而且会使你的话更有说服力。

（5）反问。当你在表达一个观点的时候，一方面，你认为事实明明就是这样的；另一方面，你可能并不需要听众回答这个问题。那么，你可能会说：“难道不是这样吗？”这种修辞方法就是反问。反问的修辞方法只是为了吸引听众对你的问题的注意，它常常被用在结论和过渡中。

但是，反问的作用远远不止于此，让我们来看一则故事。

有一次，伟大的拿破仑骄傲地对他的秘书说：“布里昂，你知道吗？你将永垂不朽了。”布里昂并没有明白他的意思，问拿破仑为什么这么说。

拿破仑说道：“你不是我的秘书吗？”

布里昂明白后，不甘示弱地对拿破仑说："请问，亚历山大的秘书是谁？"

拿破仑没有答上来，他赞扬布里昂说："问得好！"

你明白这段对话的奥妙吗？拿破仑的意思是，因为布里昂是他的秘书，所以会扬名。但是，布里昂却表示自己不愿意靠别人出名，所以反问了拿破仑这么一句话。他问拿破仑那句话的意思是，伟大人物的秘书不一定就会出名。但是，因为拿破仑是他的主帅，他不能直接反驳拿破仑的观点，所以用反问巧妙地表达了自己的看法。

有时候，反问可以表达更多的意思。正如拿破仑的这位秘书一样，如果你想说服一个人，最好的方法就是举出例证反问之，这样比正面辩论要有更大的说服力。

（6）对比。对比是指同时列出两个相反或者相对的事物。对比确实能够使原本平淡无奇的话变得精彩，使你变得很雄辩。我们先看查尔·狄更斯在《双城记》里是如何巧妙地运用对比这种修辞手法的：

"那是最美好的年代，也是最糟糕的年代；那是智慧的时代，也是愚蠢的时代；那是信仰的时期，也是怀疑的时期；那是光明的季节，也是黑暗的季节；那是希望的春天，也是绝望的冬天；在我们前面，堆积如山，也一无所有；我们全都奔向天堂，也全都走向地狱……"

听起来如何？是不是很打动人？你也很希望如此优美、能说服人的句子出现在你的话里吧！不用去管为什么这种修辞方法会出现这样的效果，这些问题可以留给语言学家或心理学家去解答，你只要知道它有用并尽量去用就行了。

你在鼓励大家尽快完成任务的时候，可以说："让我们停止空谈，开始行动。"而当你在提醒大家不要浪费粮食的时候，你可以说："你现在的确吃得很饱，但是这个世界上有很多正在挨饿的人。"如果你需要更多的例子，你可以自己去发现和总结。

（7）排比。排比就是将3个或3个以上同样的句式放在一起，而不是表达同一种意思。你可能也曾经看到过许多这样的例子。排比的独特优点还在于它对任何话题都适用。无论你要讲的是什么，你总能用上这种修辞方法。

"……我们在此下定决心，要让那些死去的人不致白白牺牲；要让这个国家得到自由的新生；要让民有、民治、民享的政府不会从这个地球上消失。"这是林肯在他著名的葛底斯堡演讲中的最后部分，林肯在此运用了3个排比。这使得原本平淡无奇的话语变得生动、有气势起来，从而对听众产生了非常大的感染力。

掌握了以上这些修辞方法，我们就可以更好地表达我们的意思，操控语言这门艺术。你不用因为需要掌握这么多修辞方法而烦恼，实际上，正是因为它多，才使你的表达变得更有说服力。关于更多的修辞方法，你可以通过阅读相关的著作来进行学习。

第二章

如何获得他人的赞同

引导对方说“是”

> 一开始的时候就使一位学生、顾客或你的孩子、妻子说“不”，那么，即使你有神仙般的智慧和耐心，也无法使那种否定的态度变为肯定。显然，从一开始就让人说“是”，最容易获得他人的赞同。

詹姆斯·艾伯森发现，一旦让那个顾客开始就说“是，是”，顾客便忘了他们之间的争执，并且愿意做自己所建议的事。如果让人一开始说“不”，会有什么后果呢？我们来看看阿弗斯特教授在他的《影响人类的行为》一书中所说的一段话：

“一个‘不’的反应，是最难克服的障碍。人只要一说出‘不’，他的自尊心就会促使他固执己见。当然，也许以后他会觉得‘不’是不恰当的，然而一旦他考虑到宝贵的自尊，他就会坚持到底。所以，一开始就让人对你采取肯定的态度极为重要。”

他接着说，人的这种心理模式显而易见。当一个人说了“不”以后，如果他的内心也加以否定，他全身的各个组织都会协调起来，一起进入一种抗拒状态，反过来，如果他说了“是”，情况就会恰好相反——他的身体就会随之处于前进、接受和开放的状态，这将有利于改变他的看法或意志，使谈话朝积极的方向发展。

组约格林尼治储蓄所的出纳员詹姆斯·艾伯森正是用了使对方说“是，

是”的方法挽回了一位主顾，否则他就会失去这笔生意。

“那天，”詹姆斯·艾伯森回忆说，“这个人走进来要开户，我让他先填写一些表格，其中有些问题他愿意回答，另外一些他根本不想回答。如果在以前，遇到这种情况，我会告诉这位顾客，如果他不向我们提供这些资料，我们就会拒绝为他开户。那样的‘警告’使我很愉快，因为这好像在说只有我说话才算数。但是，显而易见，这样的态度将使我们的顾客有不被重视的感觉。

“因为上了训练班的有关课程，我决定不跟他谈银行的规定，而是谈顾客的需要。所以，我同意了他的做法。我告诉他说，那些他拒绝填写的内容并不是绝对必要的。‘但是，’我引导他说，‘假如你去世，你不希望把存在我们银行的钱转移给你的亲属吗？’

“‘当然。’他说。

“难道你认为，我继续说，‘将你最亲近的亲属的一些资料告诉我们，使我们能够在你万一去世的时候准确无误地实现你的愿望，不是一个很好的办法吗？’

“‘是的。’他又说。

“就这样，最后他终于相信我们要这些资料的目的是为了他，他的态度就转变了。他不仅把他自己的全部资料告诉了我，还根据我的建议，开了一个信托账户，指定他的母亲为受益人，并爽快地填写了关于他母亲的详细资料。”

想得到对方的肯定其实并不难，只是人们忽略了如何去做。人们总是希望一开始对方就同意自己的看法，如果别人不同意的话，就急切地想驳倒对方，以获得对方的认同。他们或许认为这样做能够显示出自己的高明和突出。然而不幸的是，这种态度往往会适得其反。所以，最好的办法就是，一开始就让对方说“是，是”。

西屋公司的推销员雷蒙负责推销的区域内有一位富翁。雷蒙的前任和他花了13年的时间对这位富翁进行推销，但是直到最近，才使这位富翁答应购买了几部发动机。而当雷蒙再次去拜访他的时候，他却声称以后不会再订购西屋公司的发动机了，原因是他认为这些产品太热，不能把手放在上面。

雷蒙知道如果与他争辩的话，无疑会是徒劳。于是雷蒙打算找出让对方说“是”的方法来。雷蒙对那位富翁说：“史密斯先生，我完全同意你的看法。如果我公司的发动机确实过热的话，你不应该再买。你花了钱，当然不希望买到热量超过标准的发动机，是不是？”

“是的。”史密斯说。

“你知道，”雷蒙接着说，“电工行会的规定是，一架标准的发动机的温度不能比室内温度高72华氏度，是这样吗？”

“是的。可是你的发动机却高出了这一温度。”史密斯说。

“你工厂的温度是多少？”雷蒙问他。

“75华氏度。”史密斯想了一会儿然后说。

“这就对了，”雷蒙笑着说，“75华氏度加上72华氏度等于147华氏度。如果你将手放在147华氏度的水里，你会不会被烫伤呢？”

史密斯不得不说：“会的。”

“那么，”雷蒙继续说，“我建议你最好不要把手放在147华氏度的发动机上面。”

“我想你是对的。”史密斯说。接着他们又谈了一会儿，最后，史密斯答应在下个月订购西屋公司3.5万美元的产品。

雷蒙总结说：“我最后才知道，争辩不是聪明的办法。我们要站在对方的立场上去看问题，要设法让对方说‘是，是’，这才是真正的迈向成功的方法。”

伟大的苏格拉底是历史上赫赫有名的思想家，他被称为“雅典的牛蝇”，是一个赫赫有名的老小孩，虽然如此，可他所做的事情没有几个人能够做到，他彻底改变了人类的思想进程，同时也是最影响这个世界的劝导者之一。他的方法是告诉别人他们是错误的吗？当然不是。他的方法被称为“苏格拉底辩论法”，就是以对方肯定的答复作为这种方法的辩论基础。他提出的每一个问题，都会得到别人的赞同。然后，他连续不断地发问，直到最后，他的反对者不知不觉地发现，自己所得到的结论竟然是几分钟前还坚决反对的。

这是不是很神奇呢？是的，但是如果你愿意的话，你也可以做到。方法很简单，那就是记住一开始的时候，要不断地让对方说“是，是”，千万不要让他说“不”。

因此，在跟人交谈的时候，不要一开始就谈论一些你们可能有分歧的事，你应该先强调你们都同意的事，并且需要不断地强调。然后，强调你们双方都在追求同一目标，试着让对方知道，即使你们有分歧，那也只是方法上的分歧，而不是目标上的。你应当时刻记得这位“雅典的牛蝇”给予我们的智慧和启迪，首先问一个温和的问题——一个能得到“是，是”的反应的问题。中国有句充满了东方人悠久智慧的格言：“轻履者行远。”这句话学问极深，聪明之极，积累了极其丰富的人生经验。

因此，如果你想成为一位说话高手，请记得：让对方立刻给予你“是，是”的答复。记住下面几个要点：

（1）如果你问到了一个对方可能回答“不”的问题，不妨巧妙地换一个问题。

（2）从最基本的问题——一个能轻易得到“是，是”回答的问题问起，不要吝于做这么简单的事情。

（3）你要抓住事情的关键，把你最基本的问题巧妙地引导到关键的问题上来。

（4）你要让对方心悦诚服，而不是让他感觉自己钻进了你的陷阱里。

多向他人请教

▶ 尽管我们嘴上总是说“望多指教”，但别人真的想要指教我们时，我们会不高兴。相反，我们很喜欢指教别人。这是每个人都存在的一种心理。我们通过指教别人获得满足感。

没有人喜欢觉得自己是在被迫去买什么东西或被人命令去做某件事。我们宁愿觉得我们是自愿购买的，或遵循自己的意念在做事。我们喜欢别人关心我们的愿望、需要及想法。试想一下，你对于自己发现的思想，是不是比别人的思想更为信仰？哪怕别人的思想放在一只名贵而精致的盘子里递给你，你也不会慷慨地接受。

是的，每个人都有如此的想法。既然如此，那么你想将你的想法强塞进别人的喉咙，岂不是太一厢情愿了？所以，提出建议，再让别人自己去想出结论，那样做不是更明智吗？

来自费城的鲁道夫·塞尔兹先生是我班上的一位学员，他有一次迫切地感到有必要给一群沮丧而散漫的汽车推销员打气加油，于是他召开一次销售会议，鼓励他的部下如实说出他们内心对他的看法和希望。在他们说这些的时候，他将他们的想法全都写在黑板上。然后他说：“我可以满足你们对我本人的全部要求。现在，请你们告诉我，我有权利从你们那里得到什么？”

大家的回答很迅速：忠心、诚实、主动进取、乐观、合作，以及每天8小时的热情工作。有一个人甚至自告奋勇地要求每天工作14个小时。会议开得十分成功，给人以新的勇气和新的激励。

塞尔兹先生说：“他们实际上是在和我做一种道德交易。在我保证尽我所能时，他们也决定尽他们的能力。和他们商讨他们的愿望和希望，正是他们所需要的精神食粮。”

尤金·威森在懂得这一真理之前，不知损失了多少美元的收入。

威森替一家专门为时装设计师及纺织品制造商设计花样的画室推销图样。威森曾连续3年每周一次地去拜访纽约一位最著名的时装设计专家。“他从未拒绝见我。”威森说，“但也从来没有买过我的图样。他总是仔细地看我的图样，然后说：‘不行。先生，我想今天我们不能要你的东西。’”

经历了150次失败以后，威森终于明白了问题所在：自己始终陷于以往的固定做法中，太墨守成规了。于是，他决定每星期用一个晚上的时间学习为人处世的技巧，努力发展新观念，创造新的热情。

不久，他受到了启发，开始尝试一种新的方法。他拿了6张画家们还没有完成的图样，跑到那位设计师的办公室。“我想请你帮我一个忙。”他说，“这里有一些还没有完成的图样，我想请你告诉我，我们应该怎样完成它们，才能使你满意？”这位设计师默默地看了图样一会儿，然后说：“将图样放在我这里，你过几天再来找我。”

3天之后，威森又去找他，听取了他的许多建议，然后取回了图件，并按照设计师的意见把它们画完。结果呢？它们全都被买下了。

那是9个月以前发生的事情，从那时起直到现在，这位买主又订了几十张图样，全都是按照他的意见画的——结果，威森从他那里赚了1600多美元。“我现在明白，为什么我这么多年不能和这位买主做成生意了，”威森先生说，“以前我一味劝他购买我以为他应该买的。而现在，恰恰相反，我请他告诉我他的想法，于是他觉得是他在创造图样，并且也的确是这样。我现在即使不向他推销，他也会主动来买。”

这种方法确实是卓有成效的，说服别人的技巧就在于你是否让他们满心欢喜地接受你的意见，罗斯福总统就是用这种方法顺利地进行了一场改革。

当西奥多·罗斯福担任纽约州长的时候，他完成了一件不同寻常的业绩，他强有力地推行一些政府首脑所最不喜欢的改革方案。他是如何做到的呢？

当有重要职位空缺的时候，他就请政治首脑们给他推荐担任此职的人。“最初，”罗斯福说，“他们也许会提名一个软弱无能的党棍，即那种需要‘照顾’的人。我就告诉他们，委任这样的一个人不是上策，因为公众不会赞同。

“然后，他们向我提出另一个无所作为的党棍，这是个碌碌无为的人，尽管他无可指责，却也没有什么值得称赞的业绩。我就告诉他们，这个人不能满足公众的期望。接下来我请他们想想，能否找到一个显然更适合这个职位的人。

“他们第三次提议的人还说得过去，但仍不十分理想。于是，我就谢谢他们，请他们再试一次。他们第四次提议的人就可以接受了——他们这时所提的正是我自己要提出的人。我对他们的协助表示了感谢，并委任了这个人，我还把这委任之功归于他们……我告诉他们，我这么做是为了让他们高兴，现在该轮到他们使我高兴了。而他们真的那样做了。他们支持我的各项法案，如《服役法》与《豁免税收法案》等。这使我很高兴。”

罗斯福就是用这种方法成功地执行了这项难以执行的改革方案，请切记，尽可能地向别人请教，并尊重他们的建议，让对方觉得那主意完全是他们自己决定的。这就是说服别人的秘诀，也是你成功的秘诀。

在商界中，长岛的一位汽车销售商也成功地运用了这种方法，将一辆旧车卖给了一对苏格兰夫妇。

当时，这位销售商让这对夫妇看了一辆又一辆汽车，但他们总是不满意，说这辆不合适，那辆有损坏，而且价钱也太高——他们总是嫌价钱太高了。形势颇为无奈，于是一位旧车商——他也是我班中的学员，来请我给他帮忙。

于是，我建议他不要再向这种“三心二意的人”推销，而是要设法使他们主动前来购买。我告诉他说，不要告诉他们该如何做，而是要反过来，让他们告诉你如何做。一定要使他们觉得是他们自己在拿主意。

这建议听起来相当不错，他是如何做的呢？在几天之后，当一位顾客希望把他的旧车换成一辆新车时，这位销售商决定可以尝试一下之前的建议。他知道这辆旧车或许能使这对苏格兰夫妇动心。于是，他给这对夫妇拨打了电话，希望他们给他一点建议——这辆旧车的估价和是否值得购买，就算是帮他一个忙。

当这对夫妇来了以后，这位车商说："你是一位很精明的买主。你了解汽车的价值。但是能不能请你看一看，试一试这汽车的性能，并请告诉我这车该折多少价？"男买主满面笑容，因为终于有人请教他的意见了，他的能力得到了承认。他驾驶这辆旧车上了大道，一直从牙买加区开到弗洛里斯特山，再开回来。"如果你能以300美元买下这辆车，"他建议说，"你就占便宜了。"

"如果我以那价格买下它，你愿不愿买它？这车商问道。"300美元吗？当然买。"是的，这是这位男买主自己的主意，也是他的估价。于是这笔生意立即成交了。

爱默生在《依靠自己》这篇散文中说："在天才的每一项创造和发明之中，我们都看到了过去被我们排斥的想法；这些想法再次展现在我们面前时，却显得相当伟大。"

爱德华·豪斯上校在威尔逊总统执政时期，在国内外事务方面具有很大的影响力。威尔逊对豪斯的秘密策划及建议的依赖，比他自己的内阁成员还多。豪斯上校是用什么方法影响总统的呢？我们有幸得知这个答案，因为豪斯自己曾对亚瑟·D.史密斯说过，而史密斯又在《星期天晚报》披露了。

"'认识了总统以后，'豪斯说，'我发现，要使他相信某一种观念的最好方法，就是将这一观念很自然地植于他心中，并巧妙地使他对这一观念产生兴趣，使他经常思考。这方法第一次发生效力，纯属巧合。我曾到白宫去拜访他，劝他推行某项政策，而这种政策他似乎不太赞成。但几天以后，在一次聚餐的时候，我很惊讶地听到他把我的那个提议当作他自己的意见说了出来。'"

豪斯是否阻止了他，说"那不是你的意见，而是我的"呢？哦，没有。豪斯绝不会那样。他非常精明，他不屑于居功，只求行事有效，所以他使威尔逊继续认为那意见是他自己想出来的。不仅如此，他还使威尔逊因为公开了这些意见而获得了世人的赞誉。

我们一定要记住，我们明天所要接触的人，也许正像威尔逊一样，具有人性的弱点，所以，我们就应采用豪斯上校的做法。

这种方法同样被一个住在纽勃伦斯维克的人应用于我的身上，由此得到了我对他生意的光顾。那时，我正计划去纽勃伦斯维克划船钓鱼，所以我写信给旅行社打听相关情况。我的姓名、住址显然是被列入了公开的信息中，因为我立刻就收到了从野营处与向导处寄来的几十封信件、小册子和印刷品，我差点儿被弄迷糊了，不知道该选择哪一家才好。

不久，有一位野营处的主任做了一件很聪明的事，他送给我几个他曾接待过的纽约人的姓名及电话号码，请我给他们打电话，让我自己调查他营中的情况。我很惊异地发现，我竟然认识其中一人。我打电话给他，打听了他对这个野营处的印象和感受，然后打电话给这个野营处，告诉了他们我到达的日期。而其他人都强行向我推销，但这个野营处的主任却让我自己做出安排。因此，他胜利了。

下面是让人产生美妙错觉的几个要点：

（1）虚心地向对方请教，让对方帮你出主意，并使对方觉得那是他自己的主意。

（2）你只需适当提示，让他主动地思考下去，他就会得出和你一样的意见，但是如果你这么做的意图过于明显，他就会采取抵抗的心理。

（3）影响一个人的最好办法就是在不经意间将一种意见移植到他的脑海中，从而变成他自己的意见。

和对方成为朋友

> ▶ 不信任会导致莫名其妙的猜想。对方会对你所说的东西产生疑问，即使你明白无误地表达出来，他仍然会生出不同的理解来。当你不知道对方为什么拒绝你的时候，你应该考虑到对方可能对你有强烈的不信任感。

1858年，当林肯竞选美国上议院议员时，他需要到伊利诺伊州南部的一些地方演说，以赢取那里的选票。但是要达到这个目的却非常困难——那些地方的人们对他极不信任，甚至有敌对的心理。

这是因为，林肯是一个废奴主义者，而他们地方的农场主却拥有大量的黑奴，他们自然不会喜欢林肯当选。这种政见和利益的对立是十分尖锐的。他们甚至扬言，只要林肯一来，他们就会立即把他杀死——这些野蛮的当地人即使在公共场合也腰挂短枪，身带利刃。

面临如此巨大的危险，我们可以想象林肯当时做出决定时需要多大的勇气。结果是，这些威胁并没有阻止林肯前进的步伐，他说："给我几分钟，我就能说服他们。"

在演说之前，林肯与当地的极为重要首领一一握了手，然后发表了演讲：

"伊利诺伊的朋友们，肯塔基的朋友们，密苏里的朋友们！我来之前就听过一个谣言，说你们之间的某些人要跟我作对——如果有的话，那么这些人一定就坐在下面吧？但我不相信这是真的，因为你们没有理由这么做；因为我也像你们一样，是从艰苦的乡村中艰难地爬出来的，是一个爽快而直率的平民。那么，为什么我不能和你们一样发表自己的意见呢？朋友们！我了解你们比你们了解我要多得多！你们将来会知道，我是怎么样的一个人。我并不想跟你们作对，所以，你们也绝不会跟我作对的。现在，我站在这里，我们就已经成为了朋友。我相信你们会愿意交我这个朋友的，因为我是一个谦和的人。我诚恳地要求你们给我说几句话的时间。你们——勇敢而豪爽的人们，一定不会拒绝我这个朋友的这个小小的要求的。那么现在，就让我们开诚布公地讨论一下严重的问题吧！”

听完林肯的这段话之后，原本愤怒的人们开始为他喝彩。结果是，这里的大部分人后来成为了林肯的朋友，他们开始终生信任他。也正是这些人，后来帮助他成为了美国的总统。

由不信任到信任的差别如此之大，这正是林肯所意识到的。所以，他极力向这些人说明他和他们之间没有不可逾越的鸿沟，说明他和他们是朋友。所幸的是：他做到了这一点。

信任，是人们进行交往的基本前提。如果没有信任，即使人们在互相谈话，也称不上是真正的沟通。

我曾经受一家公司的委托，请我的一位学者朋友给他们帮忙。一开始事情看起来似乎进展得很顺利，但是在就要开始工作的前几天，公司的有关负责人打电话给我，说不知道什么原因这位学者突然不愿意为他们公司工作了。公司方面对他进行了百般劝说，答应宽限上岗日期、减少工作时间、增加工资等，他却一直拒不接受。

我决定弄清楚究竟是什么原因使这位学者改变了态度，于是就和那位负责人一起去拜访了他。他见到我后依旧十分热情，并且跟我谈起了许多事情。我相信这些东西跟这件事本身都没有什么联系。

后来，我直接问他为什么会拒绝为这个公司服务。他说了一些理由，但是其中我认为最重要的是：他担心公司方面是否能履行这个合同，以及与公司配合得够不够默契等。

听到这里，我觉得继续对他进行说服已经没有什么作用了，因此便告辞了。在回家的路上，我对那位负责人说："我不知道为什么他会对你们公司产生这种感觉，但是你们必须要做的事情是，让他对你们信任起来。在此之前，任何工作都将无济于事。"

第二天，那位公司负责人打电话给我，说那位学者已经改变了态度。原来，他在离开学者的家后又回到了学者的家门口，并且拦了一辆出租车等待这位学者，之后送他上飞机。这种真诚的态度赢得了学者的信任。另外，负责人还利用空闲时间，向学者说明他们愿意提前履行合同中公司的义务。这使得学者答应回来后立即上班。

我们并不能责备这位学者出尔反尔或者太势利，因为这本来就是一个十分复杂的社会。各种各样的人、各种各样的事，真相、假相、真诚的、虚伪的，都在这个世界上非常积极地活动。人与人之间已经不再是单纯的相互合作的关系，而是加入了相互竞争、相互欺诈的成分。因此，不信任感在人们的心里始终占据着一席之地。

我们无法想象一个对我们心怀戒备的人会听从我们的建议，有时候，这让我们不知所措。究竟怎么样才能取得别人的信任，从而让他们听从我们的劝说呢？

当你为这个问题苦恼的时候，请不用担心，实际上，在本书中虽然我没有直接指出来这种方法，但是每一章节中关于说话和沟通的方法已经能够帮助你取得别人的信任了。只要你按照我所说的方法来做，那么你也一定会给人留下真诚、值得信赖的印象。比如，最简单的方法就是微笑。微笑是最简单、最有效的与人沟通的方法。这个方法也能够帮助你取得别人的信任，因为这会让你看起来更加真诚；同样地，我们勇敢地承认自己所犯的错误，这也能够使自己得到别人的信任，因为这表明你很诚实。

用建议代替命令

▶ 请求或者建议实际上是命令的弱化，但是会收到截然不同的效果。没有命令、强迫或要求，可能就没有反抗和抵触。如果能把命令说成是你的想法或建议的话，在某种程度上，对方会不便拒绝你。

最近，我很荣幸地同美国最著名的传记作家伊达·泰波尔小姐一起吃饭。我告诉她我正在写作，于是她和我开始讨论“为人处世”这个问题。她告诉我，她在写扬·欧文的传记时，访问了曾与扬先生在同一个房间办公三年的一位先生。

这人说，在那么长的时间内，他从未听到扬·欧文给任何人下达过直接的命令。他总是“建议”，而不是“命令”。例如，扬·欧文从未说过“做这个，做那个”或“别做这个，别做那个”，他总是说“你可以考虑这个”或“你让为那样合适吗”。

当他口述一封信后，他常这样说：“你认为如何？”在看完他的助手写的信以后，他常这样说：“也许这样措辞会更好些。”他总给别人机会亲自动手做事，而从不告诉他的助手该如何去做事；他让他们自己去做，使他们从自己的错误中学习。

建议别人，而不是强硬地命令对方，不仅能维持一个人的自尊，给他一种自重感，而且能使他更乐于合作，而不是对立。像这种方法，能使人更容易改正他的错误。而一些长者的粗暴态度所引起的愤怒可能会持续更久，即便他所纠正的是一个很明显的错误，也会如此。唐·斯坦瑞利是宾夕法尼亚州威明市一所职业学校的老师，他说了一件事。

有一个学生因为违章停车而堵住了学校的大门口。有一位老师冲进教室，以非常凶悍的口吻问道："是谁的车堵住了大门？"

当那个学生起来回答时，那位老师怒吼道："你马上给我把车开走，否则我就用铁链把它绑上拖走。"

这位学生确实是错了，汽车不应该停在那儿。可是从那天以后，不只是这位学生对那位老师的举止感到愤怒，全班的学生也总是做一些事情给这位老师造成不便，使得他的工作更加不顺。

本来他可以用完全不同的方式来处理这件事的。假如他友善一点地问："门口的车是谁的？"并建议说："如果你能把它开走，那别人的车就可以进出了。"我想这位学生一定会很乐意地把车开走，而且他和他的同学也就不会那么生气了。

即使身为长者或上司，你也不能用粗暴的态度对你的晚辈或下属说话，否则你所得到的不是合作，而是激烈的对抗。同样，采用建议的方式可以让客户更好地接受和采纳你的意见，按照你的要求来做，满足你的需求。

在南非约翰内斯堡的一家小工厂，经理伊安·麦克唐吉有个机会接到一份大订单，但他知道自己没有办法按期交货。尽管工作已在工厂排定好了，可是这份订单所要求的完成时间实在太短了，使他不太可能去承接这份订单。

他并没有催促工人们加速工作来赶这份订单，他只是把大家召集在一起，对他们解释这种情形，并对他们说，假如能按时完成这份订单，对他们和公司的意义将有多大。

"我们有什么办法来完成这份订单吗？"

"有没有人能想出别的办法来处理它，使我们能接这份订单？"

"有没有别的办法来调整我们的工作时间和工作的分配，来推动整个情况？"

结果，员工们提供了许多意见，并坚持让他接下这份订单。他们用一种"我们可以办到"的态度，终于获得了这份订单，并且按期交货。

向对方问一些问题，不但使得这家小工厂接到一张订单，更激发了工人们的创造力，促成了良好合作和融洽的氛围。因此，要想说服别人而不伤感情和引起反感，就请注意你说话的语气，改变你说话的态度，不妨换一种方式来提出你的要求：建议对方，而不是直接下命令。

1887年3月8日，美国最富有口才的牧师、演说家亨利·华德·毕切尔去世了。在下一个星期日，莱曼·阿伯特应邀向那些因毕切尔去世而伤心不已的牧师演讲。他急于取得成功，把演讲词改了又改。然后他将演讲词读给妻子听，但是演讲词写得并不好，真的很糟糕。如果他的妻子缺乏见识，她可能会这样说："莱曼，糟极了，绝对不能用。你会让那些听众都睡着的，那听起来像一本百科全书。你传道这么多年，应该能写得更好。天啊！你为什么不像一个普通人那样去讲呢？你为什么不自然点儿？你如果念那篇东西，一定会拆自己的台。"

如果她是这样说的，结果怎样可想而知。是的，她知道这样的结果。所以，她换了一种方式："亲爱的，如果这篇演讲词寄给《北美评论》，一定是一篇极好的文章。"

莱曼·阿伯特当然满心欢喜地接受了妻子的意见，你认为他会真的把自己的演讲稿寄给《北美评论》吗？不，阿伯特将他精心准备的底稿撕碎，后来连大纲都不用，很自然地进行了演讲。阿伯特的妻子称赞了他的演讲词，同时又很巧妙地暗示丈夫不能用这篇演讲词去演讲，阿伯特当然知道这点，所以他照妻子的意思做了。

多年来我养成了一个习惯，就是经常到我家附近的一所公园里散步或骑马。

这所公园有时候会失火，但很少是由于自然原因，多数是由来这里的孩子野炊所引起的。有时候火势很大，只有动用消防队才能扑灭。

公园角落里立了一块牌子，上面写着："禁止在公园里用火"。但这块牌子放的位置太隐秘了，很难被人注意到。尽管这个公园有专门骑马巡逻的警察，但仍不起作用，每年还是有火灾发生。

有一天，我又看见公园起火，便立刻去找警察，告诉他赶紧找消防队。

没想到这个警察一点也不在乎，说这不是他的职责。对此我非常失望，所以以后我再来这个公园散心的时候，我就把自己当作一个维护公园安全的义务管理员。

刚开始，我看见有人在公园里用火，我非常难过，赶紧过去制止。通常，我都是骑马到这些小孩子面前，警告他们说，再在这里用火就有可能被送进监狱。我命令他们立即把火扑灭，要是他们不听的话，我就威胁说他们要被抓起来了。我就是这么想的，也是这么做的，根本没想过他们会怎么想、怎么做。

实际上我这样做是不起什么作用的。当时那些孩子会服从我的命令，但他们心里肯定很不高兴，我离开后，他们照样点火，甚至想要烧毁整个公园。随着时光的流逝，我更能深刻理解与人相处的学问，也掌握了一些说话技巧，更懂得与人交往时要立足于别人的想法，试着去理解别人，凡事从别人的角度出发。

因此，我再看到孩子们在公园里用火时，我不会像以前那样用命令的语气和态度。当骑马到他们跟前时，我会说："宝贝们，玩得开心吗？你们打算做什么晚餐呢？我小时候也跟大家一样喜欢玩火，现在我仍然喜欢这么做。但你们知道这样会造成什么后果吗？在这公园里用火是很危险的。我想你们一定会很小心的，但也许其他人不会这么想的。他们看见你们用火，于是他们自己也想用火，但是用完火又不把火灭掉。一不小心火就顺着枯叶蔓延开来，一点点烧毁这里所有的树木。要是我们不小心一点儿的话，我们在这个公园里可能就再也见不到任何树木了。况且，你们在这里用火，很可能会被人抓起来。我也不想让别人知道你们在这用火，这样会破坏你们的兴致的。你们玩得开心我当然很乐意，但我想你们最好赶紧把旁边的枯叶都拨开，并在离开之前用土把火埋掉，你们会这样做吧？下一次你们想用火时，可不可以到山丘的另一边？那里有沙坑，在那里用火是没有危险的。祝你们玩得开心！谢谢。"

要是我这样说的话，效果就很明显。这些孩子就听话地把火灭了，他们已经从心底认同了我的话。他们没有被我强迫和命令的感觉，也不会感到丢面子。我们大家彼此从心里接受了对方，所以不会感到别扭，这就是因为我站在他们的立场上处理问题的缘故。

即使你完全是出于好意，但如果你不注意说话的方式，你的苦口婆心就极有可能被全盘否定。请永远记住这一点：无论是有多么充足的理由，也决不能严厉地命令对方。控制住你内心的愤怒之火，诚恳地建议对方，效果一定会好得多。

把说话的机会留给别人

▶ 有时候话说得太多跟不说话的效果差不多，与其让对方在你的啰嗦中变得不耐烦，还不如让对方多说一点，充分满足对方的表达和表现欲望，让对方说得高兴，这样反而会让对方对你产生好感。

如果你不同意他的观点，你可能会想阻止他，但千万不要这样做，那将是十分危险的。因为当他还有许多意见急着要发表的时候，他绝不会注意你的观点。所以，要有耐心，并以宽广的胸襟去倾听，要诚恳地鼓励对方充分地发表他的意见。

费利普阿穆曾经说："我宁愿成为一个说话高手而不愿成为一个大资本家。"我们不妨相信他所说的话——他的话并不代表他不想拥有更多的钱，而是他认为：成为一个说话高手将使他成为资本家变得更加容易，或者成为资本家比不上拥有高超的说话技巧让他更为快乐。

的确，成为说话高手几乎是每个人梦寐以求的事情。所有的获取快乐的手段，都比不上能够随心所欲地表达自己的想法。我相信，如果让林肯在成为一个不会说话的天才和拥有卓越口才的普通人之间进行选择的话，他会更加愿意选择后者。不过，幸运的是，他同时拥有这两者。但是，毕竟像林肯这样的人不多，即使只是作为一个伟大的演说家的林肯——而不管他其他杰出的才能——也屈指可数，更多的是那些每天都为说话而苦恼的人。大多数人都不是说话高手，如果情况相反的话，我相信这个世界会变得更加迷人——他们有的由于无法与妻子沟通导致家庭破裂，有的在谈判桌上败下阵来，有的无法向朋友清楚地表达自己的感受，更多的则是兼而有之。

“如何让自己成为一个说话高手而不仅仅是会说话而已？”那些卡耐基口才训练班的学员在一开始经常问我这样一个问题。

“这并不难，”我说，“只要你们掌握了一些训练方法。”

几年前，美国最大的汽车制造公司之一，正在洽谈订购下一年度所需要的汽车坐垫布。三个重要的厂家已经做好了垫布的样品。这些样布都已经得到汽车公司高级职员的检验，并发通告给各厂家，说各厂家的代表可以在某一天以同等条件参与竞争，以便公司最终确定申请方。

其中一个厂家的业务代表R先生在抵达时，正患有严重的喉炎。“当我参加高级职员会议时，”R先生在培训班上叙述他的经历时说，“我嗓子哑了，几乎发不出一点儿声音。我被领到一个房间，与纺织工程师、采购经理、推销经理以及该公司的总经理当面会晤了。我站起来想尽力说话，但我只能发出嘶哑的声音。他们都围坐在一张桌子边上。所以我在纸上写道：‘各位，我的嗓子哑了，我不能说话。’

“‘让我替你说吧，’对方总经理说。他真的在替我说话。他展示了我的样品，并称赞了它们的优点。围绕我的样品的优点，展开了一场热烈的讨论。由于那位总经理代表我说话，因此在这场讨论中，他站在我这一边，而我在整个过程中只是微笑、点头以及做几个简单的手势。

“这个特殊会议的结果是，我得到了这份合同，和对方签订了50万码的坐垫布，总价值为160万美元——这是我曾获得的最大的订单。我知道，如果我的嗓子没有哑，说不定我就会失掉那份合同，因为我对整个情况的看法是错误的。我很偶然地发现，让别人多说话是多么有益！”

交易成功的关键在于，如果你希望别人买你的商品，最好的办法莫过于让他们自己说服自己。在很多情况下，你不能直接向顾客推销你的商品，而要让他们在心底里觉得你的商品确实很有优势，从而主动来买你的商品。

很多人急于让对方明白自己的意见，话说得太多了。要知道，有时候话说得太多跟不说话的效果差不多。大多数人想使别人同意他们的观点，可是他们自己的话却说得太多了。你难道比他们自己更了解他们吗？既然不是，为什么不让对方自己说出来呢？所以，在必要的时候，向他们提一些问题，让他们告诉你一些事情，这样做将会使你们的交流更加有效果。

如果你并不同意对方的观点，你可能想去反驳他。可是你千万不要这么做，因为这将是非常危险的。当一个人急于把自己的观点表达出来的时候，他绝对不会注意别人的观点。在这个时候，你要做的事情就是听听他有什么观点，鼓励对方充分地发表自己的意见。

让对方说话，并不只是在商业领域起到了它的作用，也有助于别的方面。比如，它可以帮助你处理家庭中的一些矛盾。

芭芭拉·威尔逊是卡耐基训练班的学员，她和她的女儿罗瑞的关系近段时间迅速恶化。罗瑞以前是个十分乖巧和听话的孩子，但是当她十几岁的时候，却与母亲产生了许多矛盾，拒绝与母亲合作。威尔逊夫人曾试图用各种方法威吓、教训她，但是都无济于事。

“她根本不听我的话，我几乎放弃了所有的努力。有一天，她家务活还没做完，就去找她的朋友玩。当她回来的时候，我照旧骂了她。我已经没有耐心了，我伤心地对她说：‘罗瑞，你为什么会这样呢？’

罗瑞似乎看出了我的痛苦。她问我：‘你真想知道吗？’我点头。于是她开始告诉我以前从未跟我说过的事情：我总是命令她做这做那，从来没有想过要听她的意见，当她想跟我谈心的时候，我却总是打断她。我认识到，罗瑞其实很需要我，但她希望我不是一个爱发命令、武断的母亲，而是一个亲密的朋友，这样她才能倾诉烦恼。而以前，我从未注意到这些。从那以后，我开始让她畅所欲言，而我总是认真地听。我们成了好朋友。她告诉了我她的心事，我们的关系大大改善。她也再次成为一个愿意合作的孩子。”

这样的方法对于你的求职也很有帮助。

纽约《先锋导报》刊登了一则招聘广告，他们需要聘请一位有特殊能力和经验的人。查尔斯·克伯利斯看到广告后，把他的资料寄了出去。几天之后，他收到了约他面谈的回信。

“如果能在你们这家有着如此不凡经历的公司做事，我将会十分自豪。听说在28年前，当你开始创建这家公司的时候，除了一张桌子、一间办公室、一个速记员之外什么都没有，简直难以置信。这是真的吗？”在面谈的时候，克伯利斯对与他面谈的老板这样说。

实际上，每个成功的人都喜欢回忆自己早年的创业经历，并且十分高兴别人能听他讲下去。这个老板也不例外。他跟克伯利斯谈了很久，谈了他如何依靠450美元现金开始创业，每天工作12~16个小时，在星期日及节假日照常工作，以及他最后终于战胜了所有的困难。最后，这位老板简单地问了克伯利斯的经历，然后对他的副经理说：“我想他就是我们正在寻找的人。”

克伯利斯成功的原因可能没有这么简单，但是有一点十分重要：他聪明地提出了一个对方十分感兴趣的问题，并且鼓励对方多说话，因此给了老板很好的印象。

有位哲学家说过：“如果你想结仇，你就要比你的朋友表现得更加出色；但如果你想要得到朋友，那就要让你的朋友表现得更出色。”他的意思是，当你的朋友胜过你时，他们就会产生一种自重感。相反，他们就会产生一种自卑感，并且开始对你猜疑和忌妒。这真是一个真理，我们看看一则发生在职场中的案例。

亨丽塔女士是纽约市中区人事局里与别人关系最融洽的工作介绍顾问。但是一开始有好几个月，亨丽塔在同事中连一个朋友也没有。

“我的工作干得确实很不错，我一直很骄傲，”亨丽塔在我的班上说，“奇怪的是，同事们不但不愿意跟我分享我的成绩，而且似乎很不高兴。而我渴望和他们做朋友。在上了这种辅导课之后，我开始按照它去做了，我开始少谈自己，多听同事们说话。我发现，其实他们也有许多值得夸耀的事。对他们而言，把他们的事情告诉我，比听我的自吹更能让他们高兴。现在，每次我们在一起聊天的时候，我都会让他们告诉我他们的故事，共同分享他们的故事。

只有当他们问及，我才略微地谈论一下我自己。”

有时候，弱化我们自己的成就会使人喜欢你。在德国有句非常有趣的俗语，大意是：最大的快乐，便是从我们所羡慕的强者那里发现弱点，从而让我们得到满足。这也许正是因为人性的弱点所使。但是，你要相信，也许你的一些朋友会从你的挫折或弱点中得到更大的满足。

我们应该谦虚，因为你我都没有什么了不起的。你我都会死去，在百年之后完全被人忘得一干二净。生命如此短暂，我们不应对自己那小小的成就念念不忘，使人厌烦。相反，我们要鼓励别人多说话。想想吧！无论怎样，其实你也没有多少东西可以吹的。

一位律师在证人席上对埃文·考伯说：“考伯先生，我听说你是美国最著名的作家，是这样吗？”考伯回答说：“我不过是徒有虚名罢了。”考伯的回答方法是正确的。你或许不知道是什么使我们不至于成为白痴，那并不是什么了不起的东西，只是你甲状腺中值5美分镍币的碘而已，而如果没有那点儿东西，我们就会成为白痴。我们都没有什么了不起的。因此，如果你希望别人的看法跟你一致，使你们的谈话进入佳境；如果你想成为说话高手，那么请记得让对方多多说话，多鼓励他们谈论自己的事情。

第三章 如何保证流畅沟通

聪明的做法是不辩

▶ 就算你在辩论会上胜了对方，把对方驳得体无完肤，甚至指责对方神经错乱，可是结果又会怎么样呢？你自然逞了一时之快，但是对方却会感到自卑。你伤了他的自尊，他会对你心怀不满。

天下只有一种方法能得到辩论的最大胜利，那就是像避开毒蛇和地震一样，尽量去避免辩论。这就是本节我所要讲述的观点。

在第二次世界大战后不久，我在伦敦学到了一个极为重要的教训。那时，我是澳大利亚飞行家詹姆斯的经理人。在大战期间和结束后不久，詹姆斯成为了世界瞩目的人物。一天晚上，我参加了欢迎詹姆斯的宴会。在席间，一位坐在我右边的先生给我们讲了一段诙谐的故事，这个故事正好印证了这样一句格言："谋事在人，成事在天。"但是，这句话的出处，这位先生却记错了。

他指出这句话出自《圣经》，而我恰好知道这句话出自莎士比亚的作品。于是，为了显示自己的优越，我讨人嫌地、毫无顾忌地纠正了他的错误。然而那人却坚持他的说法："什么？那句话出自莎士比亚？不可能，绝对不可能。"他非常的自信，并坚持自己的说法。

当时，坐在我左边的是我的老朋友加蒙，他是一个研究莎士比亚的专家。我们让加蒙来决定我们谁是正确的。加蒙在桌子底下踢了我一脚，然后说："卡耐基，你是错的，这句话的确出自《圣经》。"

宴会之后我们一起回家。我责怪加蒙说："你明明知道那句话是出自莎士比亚之口，为什么还要说我不对呢？"

"是的，一点都不错，"加蒙说，"那是莎士比亚的《哈姆雷特》第五幕第二场中的台词。可是卡耐基，我们都是这个宴会上的客人，为什么我们一定要找出一个证据，去指责别人的错误呢？你这样做会让别人对你产生好感吗？你为什么不能给他留一点点面子呢？他并不想征求你的意见，也不想知道你有什么看法，你又何必去跟他争辩呢？你应该永远都不要和他人发生正面冲突！"

"永远不要和他人发生正面冲突"，说这句话的人现在已经不在这个世界上了，可是我会永远记住这句话。这个教训给了我极大的震动。我原来是一个固执己见的人，从小就喜欢跟人辩论。读大学的时候，我对逻辑和辩论十分感兴趣，经常参加各种辩论比赛。后来，我在纽约教授辩论课，甚至还计划着手写一本关于辩论的书。现在，我一想起这些事，就会感到十分羞愧。那天之后，我又聆听了数千次辩论，并且十分注意每次辩论会之后产生的影响。我得出一个结论，也是一个真理：天下只有一种方法能得到辩论的最大胜利，那就是像避开毒蛇和地震一样，尽量去避免辩论。

我还发现，在辩论之后，十有八九，各人还是会坚持自己的观点，相信自己是绝对正确的。你赢不了争论！要是输了，当然你也就输了；但是即使你胜了，你还是失败的。为什么？如果你胜了对方，把他驳得体无完肤或千疮百孔，证明他毫无是处，那又能怎样呢？你也许会洋洋得意，但是他却因为受到了蒙羞，而怨恨你的胜利。"一个人即使口头认输，但心里根本不服。"

多年以前，有一位争强好胜的爱尔兰人哈里先生参加了我的辅导班。他受过的教育虽然很少，但却非常喜欢与人争论！他曾给别人当过汽车司机。后来，他改行推销载重汽车，但是并不怎么成功，便到我这里来求助。我稍微询问了他几句，就可看出，他总是同他的顾客争辩，并冒犯他们。假如有某位买主对他推销的汽车有所挑剔，他就会怒火难捺，和对方大声争辩，直到把对方驳得哑口无言。

那时他的确赢过不少次争论。后来他对我说："每当我走出人家的办公室时，总对自己说：‘我总算把那家伙教训了一次。’我的确教训了他，可是我什么也没有推销出去。”

因此，我的第一个难题不只是教哈里如何与人交谈，现在我立即要做的是训练他如何克制自己不要讲话，避免与人发生争执。现在，哈里先生已经是纽约怀特汽车公司的一位明星推销员了。他是怎么取得成功的呢？下面是他自己叙述的经过：

“假如我现在走进一个顾客的办公室，而他却说：‘什么？怀特汽车？它们可不怎么样！你白白送给我，我都不要。我只买某某牌的汽车。’我说：‘请听我讲，老兄，那种汽车的确很不错，你买那种汽车绝对错不了。那家公司的汽车质量可靠，而且推销员也很优秀。’

“于是，他就无话可说了。他没有和我争辩的余地了。如果他说某某牌的汽车最好，我说确实不错，那么他就只好住嘴不说了。既然我同意了他的看法，他当然也就不能整个下午不停地说‘某某牌的汽车最好’了。于是，我们不再谈某某牌的汽车，我开始向他介绍怀特汽车的优点。

“我若是在当年听到他那样的话，一定会大发脾气，立即和他吵起来，挑剔某某牌汽车。而我越是挑剔贬低它，我的顾客则会越卖力地辩护，他越这样辩护，就越坚信和喜欢我的竞争对手的产品。现在回想起来，我真的不知道我一辈子究竟能卖出多少东西。我把自己一生中的许多时间都耗费在与别人抬杠上了。现在我缄口克己，很是有效。”

正如睿智的本杰明·富兰克林常说的：“如果你争强好胜，喜欢与人争执，以反驳他人为乐趣，或许能赢得一时的胜利，但这种胜利毫无意义和价值，因为你永远得不到对方的好感。”所以，你自己应该仔细考虑好：你宁愿要一个毫无实质意义的、表面上的胜利？还是希望得到一个人的好感？要知道，你不能两者兼得。

巴恩互助人寿保险公司为他们的职员定下了这么一条规定：不要争辩。他们认为，一个好的推销员是不会跟顾客争辩的，即使是最平常的意见不合，也应该尽量避免。因为人的思想是不容易改变的。

在威尔逊总统任职期间担任财政部长的玛度，以他多年的从政经验告诉人们一个教训："我们绝不可能用争论使一个无知的人心服口服。"而如果要我说的话，我认为：你别想用辩论改变任何人的意见，而不只是无知的人。

所得税顾问派逊先生，曾经为了一笔9000美元的账目问题和一位政府税收稽查员争论了一个小时。派逊的意见是：不应该征收人家的所得税，因为这是一笔永远无法收回的呆账。而那位稽查员却认为必须要缴税。派逊在讲习班上讲了后来的情形：

"他冷漠、傲慢、固执，跟这种人讲理，就如同在讲废话。越跟他争辩，他越是固执己见。后来我决定不再继续跟他争论下去，于是就换了个话题，还赞赏了他几句。'由于你处理过许多类似的问题，'我这样对他说，'所以这个问题对你来说肯定是小菜一碟。而我虽然也研究过税务，但不过是纸上谈兵。你当然知道，这些是需要实践经验的。说实在话，我非常羡慕你有这样的一个职务，这段时间让我受益匪浅。'"

"当然，我跟他讲的，也都是实在话。那位稽查员挺了挺腰，就开始谈他的工作，讲了许多他所处理的舞弊案件。他的语气渐渐平和下来，接着又说到自己的家庭和孩子。临走的时候，他对我说他打算回去再把这个问题考虑一下。三天后，他来见我，说那笔税按照税目条款办理，不再多征收。"

人性中存在这么一个弱点，即人人都希望得到别人的认同。当派逊跟他争辩的时候，他显得十分有权威，希望以此来建立自尊，而当派逊认同他的时候，他就随即变成了一个和善的、有同情心的人，从而自然而然地停止了争论。

恨永远无法止恨，只有爱才可以止恨。因此，误会不能用争论来解决，而必须运用一定的外交手腕和给予别人的认同来解决。

有一次，林肯曾经这样斥责一位与同事争吵的军官："一个成大事的人，不应处处与人计较，也不应花大量的时间去和他人争论。无谓的争论不仅会有损你的教养，而且会让你失去自控力，尽可能对别人谦让一些。与其挡着一只狗，不如让它先走一步。因为如果被狗咬了一口，就算你把这只狗打死，也不能治好你的伤口。”

林肯的这句话也应当成为你行动的准则，所以，要想成为说话高手就要避免与人争论！

争辩只会给你减分，记住下面这些要点，在与人交谈的时候，要时刻提醒自己：

（1）真正的推销术不是争论，即使是不露声色的争论。因为人们的看法并不会因为争辩而有所改变。

（2）在你打算开口争辩之前，想想对方说的确实也很有道理。

（3）真理有时候并非越辩越明。

（4）不要直接指出他人的错误，因为这可能会给你带来一场无聊的争论。

绝不当面发出指责

> 每个人都会犯错误，同时，每个人都有尊严。如果你当面指责别人的错误，则有可能损害对方的尊严。所以，面对他人的错误，我们要小心一点，不要随便发出指责。记住，谦虚而有策略，你将无往不胜。

无论你用什么方式指责别人，说他错了，你以为他会同意你吗？绝对不会！即使你搬用所有柏拉图或康德式的逻辑与他辩论，也改变不了他的看法，因为你伤了他的感情。

永远不要这样说："我要给你证明这样……"那就会把事情搞砸了。因为那等于在说："我比你聪明，我要告诉你该怎样，使你改变看法。"那是一种挑战，只会引起争端和反抗，使对方甚至根本不听你下面的话就和你争论起来。

西奥多·罗斯福入主白宫时，他就承认如果能有75%的时候不出错，就达到了他的最高期望标准。如果这位20世纪最杰出人物的最高希望也只是这样，那何况你我呢？如果你确信有55%的正确率，你大可以去华尔街，一天赚个100万美元。如果你没有这样的把握，你又凭什么说别人错了？

在我研究青年时代的林肯的时候，我惊奇地发现：胸襟博大的林肯一开始竟然是一个以指出别人的错误为乐的人。他年轻的时候，非常喜欢对别人进行评论，并且经常写信讽刺那些他认为很差劲的人。他常常把信直接丢在乡间路上，使别人散步的时候能够很容易看到。即使在他当上了伊里诺州春田镇的见习律师以后，他还是经常在报纸上抨击那些反对者。

1842年的秋天，林肯经历了一件令他刻骨铭心的事情。当时他写了一封匿名信发表在《春田日报》上，嘲弄了一位自视甚高的政客詹姆斯·希尔斯。这封信使希尔斯受到了全镇人的讥笑。希尔斯愤怒不已，全力追查写信人，最后查到是林肯写的那封信。他要求和林肯决斗，以维护自己的名誉。本来林肯并不喜欢决斗，但是却无可奈何，只能答应。他选择了骑士的腰刀作为他的武器，并且请了一位西点军校毕业生来指导他的剑术。

在接下来的日子里，林肯一直处在一种十分愧疚和自责的状态下，因为这一切都是他指责对方的错误而导致的。他在这样的心态下等待着那惊心动魄的时刻的到来。幸好，在决斗开始的前一刻，有人出面阻止了这场决斗。

由于指责别人的错误而被迫与别人一决生死，这是多么愚蠢的一件事。林肯决定以后再不做这样的事情了。他不再写信骂人，也不再为任何事指责任何人。

内战期间，林肯好几次调换了波多马克军的将领，但是这些将领却屡次犯错。人们无情地指责林肯，说他用人不当。林肯并没有因此而对这些将领进行指责，而是保持了沉默。他说："如果你指责和评论别人，别人也会这样对你。"他还说："不要责怪他们，换作是我们，大概也会这样的。"

1863年7月3日开始的葛底斯堡战役是内战期间最重要的一次战役。7月4日，李将军率领他的军队开始向南方撤离。他带着败兵逃到了波多马克河边，他的前面是波涛汹涌的大河，身后是乘胜追击的政府军。对北方军队而言，这简直是天赐良机，完全可以一举歼灭李将军的部队，从而很快地结束内战。林肯命令米地将军果断出击，告诉他不用召开紧急军事会议。

为了确保命令的下达，他不仅用了电报下令，另外还派了专门人员传达口信给米地将军。结果呢？米地将军并没有遵照林肯的命令行事，而是召开了紧急军事会议。他借故拖延时间，甚至拒绝攻打李将军。最后，李将军和他的军队顺利地渡过了波多马克河，保存了实力。

当听到这个消息后，林肯勃然大怒，他从来没有这么愤怒过。失望之余，他写了一封信给米地将军。信的内容是这样的：

“亲爱的米地将军：我不相信，你也会对李将军逃走一事感到不幸。那时候，他就在我们眼前，胜利也就在我们眼前。而现在，战争势必继续进行。既然在那时候你不能擒住李将军，如今，他已经到了波多马克河的南边，你怎么取得胜利？我已经不期待你会成功，而且也不期待你会做得多好。机不可失，时不再来，我对此深感遗憾。”

你可以猜测一下米地将军读到这封信的时候会有什么表情。但是，令你可能会感到意外的是，他根本没有收到过这封信，因为这封信林肯并没有寄出去——人们是在一堆文件里发现它的。林肯忘记把这封信寄出去了吗？这是不可想象的。众所周知，这是一封十分重要的信件。

林肯在写完这封信时，没有立刻寄出。他说：“当然，也许是我性急了。坐在白宫，我当然能够看得更加清楚，也更加能够指挥若定。但是，如果我在葛底斯堡的话，成天看见的是因为伤痛而嚎哭的士兵，或者成千上万的尸骨，也许那样，我就不会急着去攻打李将军了吧！我一定也会像米地将军一样畏缩的。现在，既然事情已经发生了，唯一能做的就是承认它。至于这封信，如果我把它寄出去的话，我想除了让自己感到愉快之外，将不会有任何其他的好处。相反，它会使米地将军跟我反目，迫使他离开军队，或者断送他的前途。这是大家都不愿意看到的。”

于是，林肯把那封已经装好的信搁在了一边。因为他相信，批评和指责所得的效果等于零。

林肯总统从以前总爱指出别人的错误到后来如此宽容的巨大转变，给我们树立了一个榜样。他以自己的切身经验告诉我们：永远不要指责他人的错误。苏格拉底在雅典一再告诫他的门徒说：“我只知道一件事，那就是我什么也不知道。”我可不敢奢望比苏格拉底更高明，所以，我也尽量避免别人说他们错了。我发现这么做很有帮助。

我现在已经不再像以前那样轻易地确定任何事了。20年以前，我几乎只相信乘法表。现在，我开始对爱因斯坦的书里所说的感到怀疑。而20年后，我或许也不再相信这本书里所说的话了。事实上，大多数人都不会进行逻辑性的思考，他们都犯有主观的、偏见的错误。多数人都有成见、忌妒、猜疑、恐惧以及傲慢的心理，而这些缺点将给他们的判断带来影响。

柏拉图曾经告诉人们这样一个方法："当你在教导他人时，不要使他发现自己在被教导；指出人们所不知的事情时，要使他感到那只是提醒他一时忽略了的事情。你不可能教会他所有的东西，而只能告诉他怎么处理这种事情。"英国19世纪的著名政治家查斯特费尔德对他的儿子这样说："如果可能，你应该比别人聪明，但绝不能对别人说你更加聪明。"

当然，如果一个人说了一句你认为肯定错误的话，而且指出来对你们的交流会有好处的话，你当然可以指出来。但是，你应该这么说："噢，原来是这样的。不过我还有另外一种想法，当然，我可能不对——我总是出错。如果我错了，请你务必毫不客气地指出来。让我们看看问题所在。"

如果你确定某人错了，就直截了当地告诉了他，那么结果会怎么样呢？让我们来看看具体的事例，因为事例可能更有说服力。

F先生是纽约的一位青年律师，最近参加了一个重要案件的辩论。这个案件由美国最高法院审理。在辩论中，一位法官问F先生："《海事法》的追诉期限是6年，是吗？"

F先生有些吃惊，他看了法官一会儿，然后直率地说："审判长，《海事法》里没有关于追诉期限的条文。"

人们顿时安静了下来，法庭中的温度似乎降到了零度。F先生是对的，法官是错的，F先生如实地告诉了法官。但是结果如何呢？尽管法律可以作为F先生的后盾，而且他的辩论也很精彩，可是他并没有说服法官。

F先生犯了一个大错，他当众指出了一位学识渊博、极有声望的人的错误，所以他失败了。他这样做有益于事情的解决吗？事实证明，一点也没有。

即使在温和的情况下，也不容易改变一个人的主意，更何况在其他情况下呢？当你想要证明什么时，你大可不必大声声张。你需要讲究一些策略，使对方在不知不觉中接受你的观点。你可以用这类话，比如，“我也许不对”、“我有另外的想法”等，这样确实会收到神奇的效果。无论何时，无论何地，不会有人反对你说“我也许不对，让我们看看问题所在”。

詹姆斯·哈维·鲁宾逊教授在《决策的过程》中写了下面一段话，对我们也很有启迪意义。

“……我们会在无意识中改变自己的观念。这种改变完全是潜移默化而不被我们自己注意的。但是，一旦有人来指正这种观念，我们一般会极力地维护它。很明显，这并不是因为观念本身的可贵，而是因为我们的自尊心受到了伤害……我们总是愿意相信我们所习惯的东西。当我们所相信的事物被怀疑时，我们就会产生反感，并努力寻找各种理由为之辩护。结果怎样呢？我们所谓的理智、所谓的推理等，就变成了维系我们所习惯的事物的借口了。”

我们在听到他人说话的时候，第一反应往往是进行判断或进行评价，而不是尽力去理解这些话。当别人说出某种意见、态度或想法的时候，我们总是会说“不错”、“太可笑了”、“正常吗”、“这太离谱了”等评论性的话。而我们却很少去了解这些话对说话人有什么意义。在这样的情况下，我们得出的判断可靠吗？当然不可靠。既然自己都不能确信自己就是对的，我们还有资格对别人指手画脚吗？

在这一小节中，我并没有讲什么新的观念。在将近4000年前，古埃及国王阿克图给了他儿子一个精明的忠告：“谦虚而有策略，你将无往不胜。”我们似乎也可以这么理解：不要同你的顾客或你的丈夫争论，不要指责他错了，不要刺激他，你需要讲究一些策略。

所以，如果你想成为一位说话高手，请记住：尊重别人的意见，千万不要指责别人的错误。

当你想与人争辩时，不妨想一想：

（1）争辩只能使你得不偿失，逞一时之快不会给你带来更多的好处。

（2）你可以不同意他人的意见，同时你也要想一想，他人也可以不同意你的意见。

（3）判断别人的对错，不一定要根据自己的原则，可以试着用他人的原则，可以设身处地地想一想。

（4）在你指出他人的过错之前，想一想这样做是否有好处。

绝不指使他人

▶ 没有人乐意听从别人的指使，没有人喜欢让别人告诉他应该怎么做，应该怎么想，这似乎是人的天性。纵使别人犯了错误，应该被批评，也不要使用指使的语气。强势的态度不仅达不到我们预期的目标，而且还可能偏离得更远。

俄克拉荷马州一家工程公司的安全检查员乔士得的工作是检查工地上的工人是否戴了安全帽。一开始，当他看到那些没有戴安全帽的工人时，他会立即批评这些工人，并且命令这些工人立刻戴上。但是这种方法收效甚微。工人当着他的面会戴上安全帽，但是当他走了以后，他们便会再把安全帽拿下来。

乔士得觉得自己的做法不合适，于是决定采用其他方式。当他看见没有戴安全帽的工人的时候，他就微笑着询问对方是不是觉得安全帽戴在头上不舒服，帽子的大小是不是不合适；然后他会对工人讲安全帽的重要性，建议他们为了自己的安全，最好把安全帽戴上。结果，这种做法收到了很好的效果。

前后不同的两种做法导致了工人们前后不同的两种反应，这就是人们的心理作用使然——排斥指使的态度和命令。之前乔士得采用了强势的方法，命令和指使工人应该如何去做，结果工人们不喜欢听乔士得的指使，这是他失败的主要原因。而后来乔士得之所以成功地说服了那些工人，同样也是因为他没有指使工人们怎么做。

同样的故事也发生在我身边。一年夏天，我和一位朋友驱车前往法国的乡下旅行，结果却迷了路。我们只得把车子停下来，向一群当地人问路。

我的朋友是一位大大咧咧的人，他冲上前去，对他们几乎吼着——我在几十米外都能清楚地听到——说：“喂，到××镇怎么走？”

几分钟后，那位朋友快快地走了回来，向我愤愤不平地埋怨这里的农民没有礼貌、一点儿都不热情。我当然知道是怎么回事，于是微笑着走向那群农民，然后脱下帽子客气地向他们说道：“我遇到了一个麻烦，需要你们帮一个忙。请问到××镇怎么走？”

结果我很快就得到了十分准确而详细的答案。他们显得很热情，回答得快速而有礼貌。等他们说完之后，我向他们表示了感谢，而他们也邀请我到他们的家里做客。我因为忙着赶路，因此答应下次有时间再去他们家。

对此，我的那位朋友很不理解我为什么会受到他们的欢迎，我说：“没有人喜欢受人指使。”

你也许会说这仅仅是礼貌的问题。不错，礼貌确实有一定的影响，但是这绝不仅仅是礼貌的问题，还有那种没有礼貌的语气使得你好像在对别人发号施令一样。的确，没有人乐意听从别人的指使，没有人喜欢让别人告诉他应该怎么做，应该怎么想，这似乎是人的天性。

在我班上有一个女学员道娜，她是一家公司的经理助理。一天，公司里来了一位客人，由新上任的经理接待。道娜像往常一样，正打算去给那位客人倒水，但是经理却突然对她说：“去，倒杯水！”道娜却随口接道：“我想去一下洗手间。”

这种情况在我们身边也常常发生，比如，你在酒店里就可能会遇到类似的情况，虽然服务员满口答应你，但是却迟迟不会把水打来。你可以投诉她服务态度不好，但是这样对你自己并没有什么好处。那么，你为什么不能换种语气来说呢？你可以这么对她说：“我现在需要一壶水，你能给我打壶水来吗？”她一定会非常乐意为你服务的。而这样做，难道使你损失了什么吗？

当我们在说服一个人的时候，我们也经常像是在指使别人：“你应该这么做……”或者“你这么想才是对的……”我们经常使用的是命令或者强迫的语气，即使我们有时候并不具有那种权威。你应该让你的语气更加柔和委婉一些。

遗憾的是，很多领导都喜欢指使下属做这做那，他们似乎想要用这种方式来体现自己作为领导的权威。而且多半的领导都在这么做，他们并没有意识到这有什么不对。即使对于大多数人来说，当某些人犯了错误的时候，我们也通常会以一种居高临下的姿态对他进行说教，指使他应该怎么做，而对方也很有可能会为了维护自己的尊严而不惜跟你争论。我们知道，在这种尖锐对峙的情况下，没有谁能够有办法说服对方。因此，最好的办法是维护对方的尊严，换一种方式指出他的错误，引导他应该怎么做。

沃德将军曾经担任过训练新兵的教官。一天，他驾着吉普车到新兵营去巡查，碰到一名士兵正领着女朋友在散步。那名士兵似乎没有看到他，而等他的车子经过的时候，那名士兵“碰巧”弯下腰来系鞋带。沃德知道是怎么一回事了，于是把那名不懂军规的士兵叫了过来。

“小伙子，”沃德说道，“难道你真的没有看到我吗？”

“看到了，将军。”那名士兵知道瞒不过去，只得承认。

“那么，你为什么不向我敬礼，而是装作在系鞋带没看到？”沃德问道。

士兵十分为难，没有办法回答。他看了看他的女朋友，苦着脸说：“将军，如果你是我，带着你的女朋友在散步，你会怎么做？”

沃德被士兵逗乐了，笑着回答说：“我会跟她说：‘我想先给这个老家伙敬个礼，怎么样？’”

那名士兵听了之后，微笑着向沃德将军敬了一个礼。而沃德将军也不再说什么，回敬了一个礼，然后就开着车走了。

可以想象，如果沃德将军满脸怒气地对那位士兵说：“你刚才所做的是错误的，你应该向我敬礼！”那么，士兵虽然会照办，但是却会从此怀恨在心，因为沃德使他在女朋友面前丢了面子。而沃德将军并没有这么做，他巧妙地指出了士兵的错误，告诉他应该怎么做，而且也顾及了士兵的面子。

我这里还有一个相同的案例，也是关于军人的故事。美国一个新兵营里最近接收了一批新兵。这些新兵有着坚强的毅力，这同样意味着他们不容易改变自己的一些习惯——那些坏习惯。教官发现，对这些文化程度较低的新兵并不适合讲大道理，当然，也不适合用强迫或命令使他们改变自己的不良习惯——那样的话他们会很暴躁地跟你对着干。教官们对此很伤脑筋，所以想了很多办法来改变他们，以使他们成为合格的军人，但是都收效甚微。总之，这些士兵倔强地认为，用不着别人来指使自己怎么做。

最后，教官们告诉士兵们，他们应该给家里寄一些信，以免家人挂念。教官们印发了一些信件，作为他们写信的参考。这些参考信的内容大致是告诉家人他们已经在军队里养成了良好的生活习惯，以前的很多坏习惯都已经改正了，请家人不用担心。当他们把信写好寄出去之后，奇怪的事情发生了：这些很顽固的士兵慢慢地主动克服了以前的坏习惯，一个个都变得精神焕发、讲卫生、守纪律了，最后都成为了合格的军人。

用建议来代替指使，可以让人信服；用请求代替指使，可以让人高兴地执行；用商量来代替指使，有人会主动请缨；用赞美来代替指使，他们会用行动来证明你所说的是对的。既然有这么多的方法可以代替指使，既然指使对于达到我们预期的目的没有任何效果，那么我们为什么不尝试换一种方式呢？

千万不要使用指使的语气说话，以免让人产生反感的情绪。请记住下面这些要点：

（1）无礼的命令只会导致长久的怨恨——即使这个命令可以用来改正他人明显的错误。

（2）使用各种有效的技巧去代替指使，重要的是要使你的下属得到你的尊重。指使他人的结果是，他不会很好地完成你的指令，因为他是被迫做这件事情的。

（3）不要针对某个人发表你的意见，如果你要说服他，需要针对的不是人，而是事。

不要期待他人的感恩

> 即使碰到了多言的人、自私自利的人、满脑子只想着自己的人、忘恩负义的人，我也不会因此而觉得惊讶或烦恼，因为我实在想象不出，我们的世界如果缺少了这些人，还有什么意思呢？我从不奢望得到他人的感恩。

我最近碰到了一个义愤填膺的人，有人警告我，见到那个人最好赶紧躲开，否则不到15分钟，他就会喋喋不休地提到那件事。果然如此。那件事虽然已经过去了11个月，但他每次提起就会不由自主地愤怒。除了那件事，他的生活中简直没有别的事可以谈了。

事情是这样的：他给34个员工发了1万美元的圣诞节奖金，每个人差不多可以得到300美元，但是，没有一个人对此表示感谢。无论见到谁，他都会不停地抱怨："我真的很遗憾，我竟然发给了他们奖金。"

他之所以遗憾，就是因为他做了一件自认为应该得到感激之言的事情，最终却没有得到自己想要的感激。或许他觉得自己很值得同情，但这原本就不算是什么大事，根本不值得因此而浪费11个月的时间和精力。

根据人寿保险公司的统计结果，我们大约还能活的年数等于目前年龄与80岁之间差数的三分之二。这个充满抱怨的人现在是60岁，除却意外伤害或病痛等因素，他大概还能活十四五年。结果呢，他却将这十四五年中极为宝贵的一年浪费在了无谓的抱怨和愤怒中，我实在很同情他。

事情为什么会这样呢？有可能是因为员工觉得自己长期以来受剥削，偶尔得到一次奖金也是理所应当的。当然，也有可能是因为员工本身素质很差，很自私。但不管是何种原因，都不值得赔上自己宝贵的光阴。

英国的约翰逊博士曾说过："感恩是极有教养的产物，不是每个人都能拥有的。"我想说的是，他指望别人感恩，其实是因为他根本不了解人性。如果你救了一个人的性命，你可能会希望得到他的感恩。但事实上，真正懂得感恩的人并不多。

塞缪尔·莱博维茨法官曾是一位著名的刑事律师，曾使78个罪犯免受电椅的折磨。按理说，这78个人应当对此感恩，但到底有多少人登门道谢或寄圣诞卡给他呢？说了也许你不相信，一个也没有！

我听查尔斯·舒瓦伯说过一件事：他曾帮一位银行出纳逃脱了罪责，因为那位银行出纳挪用银行基金去炒股而亏损。这位出纳员虽然感谢了他，但这种感激之情只维持了一段时间，后来，他还跟自己的恩人作对。

如果你送给你的亲戚100万美元，或者你的亲戚送给你100万美元，得到这笔钱的人一定会对对方表示感谢吧？听到这样的话，安德鲁·卡内基恐怕要从棺材里跳出来否认，因为他资助过的亲戚正在恶毒地诅咒他。尽管安德鲁·卡内基留下了3亿多美元的慈善基金，但他却只得到了区区100万美元。这就是事实，这就是人性——永远不要指望人性会变。既然如此，还不如坦率地承认，坦诚地接受。就像历史上最有智慧的罗马帝王马库斯·阿列留斯在日记中写的那样：

"即使碰到了多言的人、自私自利的人、满脑子只想着自己的人、忘恩负义的人，我也不会因此而觉得惊讶或烦恼，因为我实在想象不出，我们的世界如果缺少了这些人，还有什么意思呢？"

我的父母是热心肠的人，虽然我们家里很穷，有时候甚至还会欠债，但他们总是竭尽所能从牙缝里挤出一点儿钱去资助孤儿院里的孩子。他们从来没有亲自去过那家孤儿院，可是除了收到回信外，也没有人表示感谢，但他们从来没有觉得沮丧或失望，因为他们得到了他们自认为最大的喜悦——帮助可怜小孩的喜悦。至于自己是否被感谢，他们根本就不在乎。

亚里士多德说过："理想人会享受助人的快乐。"我想，我的父亲就是亚里士多德所说的理想人。彻底忘却别人感恩的念头，只享受付出的快乐，这样的人才能得到真正的快乐，发自内心的快乐。很多父母抱怨子女不知感恩。就连莎士比亚也曾发出了这样的感叹："不知感恩的子女比毒蛇的利齿更可怕。"

中国有句老话叫"上梁不正下梁歪"，子女不知感恩，根源还在父母身上，是因为他们没有教育好。如果他们本身就是不感恩的人，在这种恶习的耳濡目染下的子女又怎么可能学会感恩呢？所以，停止抱怨吧，怪不了别人，只能怪你自己。我的一位芝加哥的朋友在一家纸盒工厂工作，虽然很辛苦，但是薪水却少得可怜——每周只有40美元。他和一位寡妇结婚了，并在她的说服下借钱供两个继子上大学。他拼死拼活地工作，得到的薪水却只能勉强支付食物、房租、燃料、衣服以及缴纳欠款。他简直就是家里的赚钱机器，这样的生活他坚持了四年，并且毫无怨言。

这个对家庭做出了极大贡献的人应该得到家人的感恩，但是妻子认为这是他应该做的，两个继子更是如此。他们从未对继父抱有一丝感激之情，即使是一声简单的道谢，他们也没有说过。孩子的很多过错最早都源于父母。这位母亲不想增加孩子的心理负担，所以一直安慰他们，继父这样做是理所应当的。她认为自己是出于对孩子的疼惜之情，却未曾料到在孩子心中播下了危险的种子——以为这个世界有义务养活他们。后来，她的一个儿子因向老板"借"点钱而锒铛入狱。

想让自己的孩子感恩，自己首先要懂得感恩。父母是孩子最重要的老师，一言一行都对孩子的性格起着非常重要的塑造作用。所以，任何时候都不要在孩子面前诋毁别人的善意。如果我们懂得时时、事事感恩，我们教育出来的孩子必定和我们一样，时时、事事感恩。要想使自己平安快乐，请牢记以下原则：

永远不要奢望得到他人的感恩，施与是一种比得到更让人心情愉悦的快乐，是寻求真正的快乐的唯一途径。

时刻不忘控制情绪

> ▶ 愤怒是一种毁灭力极大的情绪，不仅能摧毁你的健康，而且能扰乱你的心智，给你的工作和事业带来不良的影响。愤怒是一种无知的行为，除了彰显你的小气和狭隘，对事情本身起不到任何作用。

在我们的一次培训课上，两个学员讨论起来“保留面子”这个问题。宾夕法尼亚州哈里斯堡的弗瑞·克拉克就说了一件这样的事情。他说：“在一次会议上，我们公司的副董事长就一个问题质问一位生产监督，态度严厉，用语刻薄。这位生产监督只好支支吾吾地应付着，这样就更激怒了副董事长。于是他大声指责监督说谎，语气也更凶了。这次会议在那位生产监督心里划了很深的一道伤痕，从此他再也不好好工作了，几个月后他就辞职了。实际上，在此之前，那位生产监督干得很不错，而且辞职后在别的公司干得也很好。”

卡耐基培训班的另一位学员安娜·马佐尼也讲了这样一件事，但由于处理方式的不同，她就比较幸运。她说，她的工作是在食品包装业做市场营销，她投入这个行业所做的第一件事就是做一个新产品的市场调查。可是，她说：“当我做完调查后发现，在运作过程中我犯了一个非常大的错误，导致所有的测试不得不重新做一遍。更糟糕的是，在重做之前，我必须要向老板汇报相关细节。汇报工作的时候，我心里很害怕，就努力控制自己不哭出来，我毕竟是一个要面子的女人。我用很短的时间汇报了事情的情况，最后说我不得不重做，我还说下次会议前我一定会做出来的。然后我就等着挨训。没想到老板不但没训我，反而还感谢了我，说第一次犯错不足为奇，他相信下次我会做好的。开完会后，我心中平静不下来，我决心以后一定好好干，不让老板失望。”

有时候，即使我们是正确的，别人是错误的，但若让对方丢面子的话，事情会变得更糟。法国传奇飞行家、作家安托安娜·德·圣苏荷依说：“我无权伤害任何一个人的自尊。关键不是我认为他怎样，而是他认为自己怎样，伤害他人的自尊无异于犯罪。”

几年前，通用电气公司碰到了一个难题：给部门主管查理·史坦梅兹安排一个新职务。史坦梅兹曾是电气部门的一级天才，调到计算部门后才发现无法施展自己的长处。为了不伤及这个难得的天才，公司最终想出了一个好办法：委任史坦梅兹为公司的咨询工程师。这个新职务的工作性质并没有变，只不过是给那个部门安排了一个新的主管。史坦梅兹对这个结局很满意，公司也因为保全了这个敏感易怒的明星的自尊而高兴。

一个真正的领导者应该怎样做，让我们看看已逝的德贝特·摩洛是怎样处理的。为了让好斗的对立双方化敌为友，德贝特·摩洛先仔细地找出双方正确的地方，然后针对这些正确的做法突出表扬，无论事情怎样，他都不去指责他们错的地方。

成功者是不会把时间浪费在向被击败的对手炫耀自己的胜利上的。不妨看看这样一个例子。经受了长达几个世纪的蹂躏，1922年，土耳其人终于决定要把希腊人从自己的土地上赶出去。跟拿破仑一样，穆斯塔法·凯末尔给自己的士兵发表了激情洋溢的演说：“我们要打到地中海去。”经过惨烈的争斗，土耳其人终于赢得了战争。

两位希腊将领迪黎科皮和迪欧尼斯不得不到凯末尔的总部投降，他们受到了土耳其人民的唾骂。可凯末尔本人并没有像一般胜利者那样趾高气扬，而是握着对手的手说：“两位先生请坐，你们一路过来辛苦了。”双方在商谈完投降的细节后，凯末尔对两位将领的失败表示理解和安慰，还用军人的语气鼓励他们说：“在战场上，最优秀的不一定是赢家。”

当愤怒之火充斥你的内心的时候，一个成熟的、理智的人一定会控制自己的情绪，你可以试着这样做：

（1）正面行动。愤怒提醒了我们，这世界上的事并不能总是如我们所愿。从另一个角度看，不满是一件极富正面意义的事，少了它，人们就不能无奈地接受现状，就不会为了实现自己的目标而采取任何行动。比方说，如果20世纪初的女性没有对自己遭受的不公平待遇而感到愤怒的话，她们又怎么会为了投票权而誓死抗争呢?

（2）疏解压力。愤怒对身体有很大的伤害已是不争的事实。长期的愤怒不仅会导致焦虑，还可能引发一系列疾病，而表达愤怒有助于宣泄内心的压抑和怒气，对身体有一定的益处。但是，这并不意味着我们有权力将愤怒直接发泄在导致你生气的人身上，更不用说因为愤怒而伤害他的自尊了。无论你愤怒的理由多么充分，都不能因愤怒失去了理智。

（3）更加坦诚。愤怒是一块试金石，可以使双方的关系更加坦诚，进而相互信赖。假如一个人就棘手的问题和你商谈，而不是敷衍了事，至少可以证明他愿意和你建立一种比较和谐、坦诚的关系。

（4）情感交流。假如我们产生愤怒情绪时，确实触及了我们最真实的感受，并且加以适当的控制和处理，我们就不会因为内心囤积的不良情绪而出现压力过大或沟通不良的问题。

（5）实现目标。隐藏在愤怒中的能量其实是一种正能量，能促使你在实现人生目标的道路上不断努力，不断进步。对冲动的、不成熟的人来说，愤怒只是一种发泄情绪的方式；但对理智的、成熟的人来说，如果运用得当，愤怒会使人们成为自信、坚定的人。

愤怒是一把双刃剑，关键在于你是如何运用的。愤怒时多想想可能引起的种种不良后果，不断地提醒自己冷静，努力控制自己的情绪表现，这样可以起到控制愤怒的作用。

第四章

如何有效说服他人

让他人为你说好话

▶ 人类的行动会在很大程度上受外界环境的影响，一个人的思想或行为往往并不出自于他的内心，而只是对大多数人的一种附和。当周围的人都指出某件事情是对的时，你也会承认那是对的。

我们每个人都不可能孤零零地生活在这个世界上，无论是生活、学习还是工作，都会在一定程度上受到他人的影响。很少有人能抵挡得了从众的群体压力，绝大多数人会在这种无形的压力下违背自己的意愿而选择随大流。这就是我们常说的公众效应，而指引我们改变自己的意愿去迎合大众的就是从众心理。

善于做说服工作的人都知道，人们做事受个人的具体经验的影响比受空洞的大道理的影响要大得多。对于一个病人来说，如果医生劝他服某种药物，即使医生再三证明这种药有效，并说了很多药理知识和道理，病人总还是免不了心存疑虑。但换一种方法试试，如果医生告诉他：他自己也服这种药，只用了一个疗程就大病痊愈了。听了这个活生生的个人体验，病人一定不会再有所顾虑了。心理学家塞肯在研究这种方法的效果时发现，成功的推销员往往使用具体的例证向顾客说明：他们现在的选择已有人做过。

商家在销售产品时，为了说服顾客购买，经常会用到人们的从众心理。在电视募捐节目中，节目主持人会花大量的时间阅读已捐款者的名单和捐款数额，一方面是为了公开信息，另一方面是要告诉你一个信息：别人都捐了，为什么你还没捐呢?

街头的卖艺者会在他们盛放捐款的盒子里放几张数额较大的纸币，其实是在暗示其他施舍者捐大票。

保险推销员在推销保单时经常说的一句话就是："某先生或太太已经买了。"而这位先生或太太必定是保险推销员精心筛选后的结果，具有代表性，这样会在无形中增加说服力。这些活生生的事例都说明了一个事实：公众效应中潜藏着巨大的影响力，并且在一定的条件下可以转化为说服力。

人们为什么会有从众心理呢？专业人士分析，人们之所以会有这样的心理，是因为他们认为领先者会承担一定的风险。而从众可以帮助我们克服不安全感。强烈的自我保护意识，拦住了我们当"第一个吃螃蟹的人"的步伐，宁愿以随大流的方式违背自己的意愿。我们想当然地认为，既然他人也做了这样的决定，就不会有什么风险。

有一位太太对一款新上市的热水器非常感兴趣，她一方面被全新的设计所吸引，另一方面也质疑新技术的实用程度。销售员反复向她保证这款热水器的性能很好，但她始终无法下定决心购买。最后，一位经验丰富的销售员拿出了一份顾客联系册，上面密密麻麻地记载了顾客的名字和联系方式，那位太太看见这么多人都买了，就打消了疑虑，当即决定买一台。

事实上，很多人都有和这位太太一样的经历。很多时候，我们做出某个决定并非出自我们内心，而是受了他人的鼓动或影响。

为了说服对方，用事实说话是一种强有力的手段。不过，可作为例证的事实很多，随意所举的例子未必具有说服力，关键是要选取典型例证。典型，是具有代表性的人物或观点，典型例证就是要以有代表性的事实来证明自己的观点或反驳对方的观点。就辩论而言，典型的取材，既要注意例子的代表性，又要注意针对性。而最根本的是要使对方当场感到你的论据是真实的，论据不容置疑。

广告学中的"名人效应"很大程度上正是为了解决客户这个"还有谁买

过”的问题。销售人员自己和客户解释，效果可能不是很好，但是如果有一位有声望的人给你作证的话，客户的怀疑心理就会减弱。

在公园里，一个人突然停下脚步，抬头望着天空。旁人不知道发生了什么事，以为天上有什么好看的物体，于是纷纷停下来仰望天空。渐渐地，越来越来的人加入了这个队伍，但并没有人知道自己到底在看什么，事实上他们什么都没看见。终于，一个人忍不住好奇地问第一个望着天空的人，他笑着说：“没什么，我流鼻血了，仰头是为了止血。”众人一片哗然。

一位心理学家曾做过一个实验：他让被实验的人听两种完全相同的音乐带，却告诉他们，其中一种出自著名音乐人之手，另一种则是初出茅庐的歌手的作品，要求他们听完后说说自己的真实感受。结果发现，大多数实验者都倾向于第一种音乐，他们纷纷表示，“前者似乎更动听”。

人们总是喜欢附和比自己优秀的人或权威者的意见和判断，尤其当他们遇到不熟悉的人或不了解的事物，无法判断并下结论时，这种现象表现得更加明显。比如，对一个病人来说，如果有人劝说他服用某种药物，即使这个人再三证明这种药十分有效，并且说了许多药理知识和道理，病人也会将信将疑。但如果劝说者是一位有声望的医生，病人就会对医生的话深信不疑。

在相似的环境、场合或情景下，人们才会产生习惯带来的舒服感，按照规范做事。如果你逛街时觉得饿了，想去饭店吃饭，从这个念头产生的瞬间开始从众效应就会在你身上发挥威力了。在选择饭店时，你会观察哪家饭店的人气最旺，因为大多人认为人越多，证明饭菜的味道更好。走进饭店后，你不知道什么菜最好吃，要么观察周围人的选择，要么直接问服务员什么菜最受欢迎。也许大多数人的选择并不是最好的，未必适合你，但只要你在潜意识里是这么认为的，那就没什么不妥的。

如果你在安静的图书馆里，一定不会像在吵闹的酒吧里一样大声喧哗，除非你想被正在认真看书的人如刀子般的目光杀死，从此被拉入“禁止进入图书馆”的黑名单。如果你要去一家高档的饭店赴约，一定不会像在街头小巷的小酒馆里吃饭时一样穿着背心短裤拖鞋，除非你想让和你约会的人颜面扫地，在众人的讥笑声中被服务员“请”出去。

我之所以举这些例子，只是想让你明白一件事：公众效应中潜藏着巨大的说服力。而他人举荐又是说服过程中一个至关重要的影响因素。实验证明，举荐人与目标人物的相似之处越多，说服力就越大，说服的效果就越好。而一个合适的举荐人，并不一定是最优秀的，而应该是与目标人物的背景、生活条件等最相似，最能与目标人物产生心理共鸣的人。

比如，在向一名太太推销儿童读物时，有孩子的推销员明显比没有孩子的推销员更有说服力，相似的经历能让推销员与客户之间产生共同话题；在向美发沙龙的老板推销新的美发用品时，最能影响他的答复的，肯定是使用过该产品的其他美发沙龙老板的意见。如果你试图用某位明星甚至总统来说服他，对方很快就会下“逐客令”；父母在鼓励孩子努力学习时，也常常会用到这种方法，很快就会发现十分奏效。

真正的说服者，总是善于从任何细微处发掘说服力。政府和商家经常通过民意调查来告诉我们其他人正在想什么、做什么，从而影响更多人做出相同的反应，说服更多的人。这就是公众效应的威力。

下面问一问自己，看看你有没有说服力：

（1）你喜欢看广告吗？总是会尝试一下广告宣传的新鲜事物吗？

（2）你在做任何决定时，都喜欢听从别人的意见吗？

（3）当你的意见和他人的意见正好相反的时候，你是坚持己见，还是顺应大流？

发挥主场的优势

▶ 大部分人在自己的客厅里说话比在别人的接待室里说话更有说服力，这就是主场优势。所以，精明的交涉者在与人洽谈重要事务时，总是争取在自己的而不是对方的办公室里进行。

或许很多人会有这样的感受，在自己熟悉的地方或环境里，自己的说话能力明显比在陌生的地方或环境时高，很多成功的说服就是在这种情况下完成的。这到底是为什么呢？很简单，这其实就是我们常说的“主场优势”。

主场优势暗含了一种巨大的心理安慰的能量，能在无形中增加一个人的自信心。既然有主场，自然就有客场。与处于主场的人相比，处于客场的人明显处于劣势，心理负担会在无形之中增加，自信心也会大受影响，进而影响说服效果。因此，地点或环境的选择对说服成功具有非常重要的作用，要想成功地说服他人，就要选择对自己有利而不利于他人的环境。

比如，在足球和篮球比赛时，主场优势就表现得非常明显。首先是人，来自本地的观众自然比远道而来的观众多得多，助威声、呐喊声、欢叫声，各种声音汇聚到一起，就如同一把利剑一样插进对方的心里。要想在客场取得胜利，技术自然是最重要的因素，但心理承受能力的作用同样不能小觑。

大部分人在自己的客厅里说话比在别人的接待室里说话更有说服力，所以精明的交涉者在与人洽谈重要事务时，总是争取在自己的而非对方的办公室里进行。

英国心理学家泰勒尔和他的助手兰尼曾做过一次实验。他们先给部分选定的大学生评分，鉴定他们对别人的影响力；然后，把其中的志愿者分成三人一组，每组由影响力大、中、小不同的人组成；最后，请他们讨论并表决该校预算中十项可以削减的项目中哪几项最宜减掉。一半的小组会议在影响力最大者的寝室里召开，另一半则在影响力最小者的寝室里举行。最后的结果显示：讨论时，即使主人的影响力最小并且客人开始也持反对意见，最终还是屈从了主人。

一位著名的谈判专家曾说过，谁选择了谈判地点，谁就掌握了主动权。对销售人员来说，如果客户不是很信任你或者你为了向客户展现自己的实力，可以主动邀请客户来自己的单位考察。在自己的单位谈判，绝对对自己有利。

但如果是去对方单位谈判，就要仔细观察、了解对方各方面的情况。包括对方本人、机构、管理等方面，还要观察对方最后是怎样做出决定的，是一个人做决定，还是要和他人商量。总之，你了解得越全面、越详细，谈判成功的几率就越大。请记住，你不能忽视任何一个细节，因为也许对方不经意的一句话、一个动作或一个表情，往往就能成为谈判成败的决定因素。

掌握了主动权，就意味着成功了一半。如果你选择的是一个能引起对方强烈兴趣的话题，并用你的热忱和真诚逐步得到“是”的回答，那么你就一定能成功地说服对方。这个对方，不是指特定的某个人或某些人，而是任何人。

记住，谁选择谈判地点，谁就更可能赢得谈判的胜利：事实已经证明，在自己的地盘谈判的一方，明显具有更多心理优势。而谈判，考验的不仅是双方的说话技巧，更是双方关于心理素质的一次较量。

利用瞬间沉默的力量

▶ 很多时候，说得多不如说得少，说得少不如什么都不说，沉默往往比任何说服技巧都管用。相对而言，说话多的人比沉默的人更容易相处。如果你实在不知道该怎样说，或者说什么，就干脆保持沉默，那样会让你看起来更难以捉摸。

古印度哲学家白德巴认为，能管住自己的嘴巴是最好的美德。有时候，话太多未必是好事，反而会坏了大事。西方也有这样一句谚语："一个人的话太多，代表他说话是不用脑子的。"

说话是人际沟通最直接的方式，为了表现自己的博学多识，很多人在任何场合都是一副夸夸其谈的样子，因为他们认为说得越多，就能得到越多人的认可，获得更大的成功。如果你无法确保自己的每句话都能启迪他人的心灵，最明智的做法就是尽量少说，甚至是不说。说得多不如说得少，说得少不如什么都不说，沉默往往比任何说服技巧都管用。

过去，心理学家常常认为人们应该大胆地说出自己的心里话，但现在人们渐渐觉得，与人交往时更需要忍耐和沉默。请记住，沉默不是无言的无奈，更不是不齿的软弱，有时候，不说比说威力更大。

爱迪生发明了自动发报机后打算卖掉这项发明及制造技术，以便有资金建造一个实验室。因为不熟悉市场行情，不知道这项发明到底能卖多少钱，爱迪生就和夫人玛丽商量，但玛丽在这方面也是个外行。

两个人都很发愁，不知道如何向别人报价。最后，玛丽一咬牙，说："就要两万美元吧，你想想看，建造一个实验室至少要这么多钱。"爱迪生说："两万？太高了吧！"玛丽见爱迪生犹豫不决，就说："要不然，我们在卖的时候先套套买家的口风，让他主动开价，然后再见机行事。"

当时爱迪生虽然说不上家喻户晓，但已经小有名气。一位美国商人听说爱迪生打算卖掉刚发明的自动发报机制造技术，就主动上门询问价钱。爱迪生坚持认为要两万美元太高了，觉得难以启齿，于是一直沉默不语。

商人催问了好几次，爱迪生始终不好意思说出口。最后商人终于忍不住了，就说："我给你开个价，10万美元，你看怎么样？"

商人的报价让爱迪生大喜过望，这个价格真是太出乎他的意料了，于是他毫不犹豫地当场和商人拍板成交。后来，爱迪生对妻子开玩笑说："真没想到我晚说了一会儿话就赚了8万美元。"

心理学教授格瑞德·古德罗在《谈话的艺术》一书中写道："沉默可以调节说话和听话的节奏。沉默在谈话中的作用就相当于零在数学中的作用。尽管是'零'，却很关键。没有沉默，一切交流都无法进行。"

一位著名心理学家认为，无声语言所显示的意义，要比有声语言多得多，而且深刻得多。他还列出了一个公式：人人之间的讯息传递=7%言语+38%语气+55%表情。真正会说话的人，不仅要会用嘴说，还要懂得如何用"不说"来说，同时还必须会运用表情和肢体语言。

沉默是一种不说话的智慧，是一种比大说特说更有效的沟通方式。很多人不愿意在说服的时候保持一定的沉默，认为这样会让自己显得心虚或理亏。但事实上，在人生面临的无数关口中，你的适时沉默虽然不会让你像爱迪生那样多挣8万美元，但会给你思考的机会，给对方和你自己都留有余地，甚至在危急时刻创造力挽狂澜的奇迹。

日本DC公司的总经理山本村佑与美国一家公司在谈一桩生意时，美国方面已经知道DC公司正面临破产的威胁，于是就想用最低的价格买下DC公司的所有产品。

当美方向山本村佑提出这些要求后，山本村佑虽说已经濒临破产，但仍然表现得很淡定，询问秘书他去韩国的机票订好了没有，他明天准备去韩国谈一笔更大的生意。按照美方的设想，穷途末路的山本村佑此刻应该被困境折磨得焦头烂额，会答应他们的任何要求，但他们知道自己想错了。

山本村佑的冷静让美方一下失去了方寸，一时拿不定主意，急忙打电话寻求在美国的总裁的指示。正好当时美方急需这些产品，总裁权衡利弊，最终决定以原价购买DC公司的产品。

我曾看见一家大公司门口挂着这样一块牌子：要简洁，所有的一切都要简洁。通用电气公司的一位副总裁曾说过："我们在会议上投票表决，推销员为什么会失去推销机会，结果75%的人认为是说得太多了。"事实上，无论什么场合，很少有人会喜欢喋喋不休的人，甚至会引起他人的强烈反感。

初涉外交领域时，一位外交官曾带携自己的太太去应酬，但他的太太总是觉得很尴尬、很别扭。她出生在乡下，没见过什么世面，在满屋子博学多识、口舌如簧的人兴致勃勃地谈论自己丰富多彩的游历经历时，为了引起别人的注意，她拼命地找话题和他们聊天，不想傻傻地当个听众。但是，没有人对她的事情感兴趣，甚至没有人愿意和她说话。

有一天，她向一位很少说话却颇受欢迎的资深外交家说出了自己的困扰。这位外交家说："你必须学会约束自己的嘴巴，没什么可讲时千万不要勉强。多听别人说也挺好，善于倾听的人同样受欢迎。"

林肯就是运用这种"适时沉默"方法的高手。当他在谈话时说到一项要点时，为了给对方留下深刻的印象，他会身体微微向前倾斜，直直地盯着对方的眼睛，却什么话也不说。他说，这种突然而至的沉默更能引起听者的注意。

事实上，那些很有经验的演讲高手，在演讲时也经常使用这个方法。演讲者在讲台上一言不发，只是看着台下的听众，听众就会认为演讲者接下来要说什么重要的事，就会把注意力放在演讲者身上。当听众开始因不安而四处张望时，演讲者觉得时机成熟，便滔滔不绝地说起来。短暂的沉默会让对方感到不安，一旦不安解除，说服就会变得顺其自然。而很多资深业务员也表示，适时的沉默经常让他们做成大额的交易。因为他们都知道，沉默往往具有更大的说服力。

反面说服的效果

▶ 当你的正面说教遭遇瓶颈而无法再继续下去时，也许你可以换一种思路，用一种不常用的、令人无法接受的方式去劝说，往往能让你得到意外的收获。哪怕是你人生中的“污点”，只要运用得当，同样可以成为你拥有美好人生的利器。

如果你看见一个人站在楼顶上想自杀，你会怎么做？大多数人往往只会说“别做傻事”“凡事想开点”等老套的劝解，事实上，对一个陷入绝望的谷底的人来说，这样的劝说起不到任何作用，反而会使他更加悲观失望，而无法真正打消自杀的念头。

相反，如果你说：“如果你真的想死，那就跳吧！”如果不出什么意外，你的这句话一定会加剧他内心的恐惧，因为他怎么也没料到，他的生命在你眼里竟然那么不值钱，甚至希望他赶快死，而他原本并不是这样想的。这句话会导致两种结果，一种是那个人真的跳楼了，因为他无法忍受羞辱；还有一种是那个人决定继续活下去，也是因为他无法忍受你对他的羞辱。你越想让他去死，他就越不能让你如愿以偿。不管是出于什么目的，那个人不再寻死觅活，这就是最好的结局。

这个劝说想自杀的人的方法就是我们常说的逆向思维。很多时候，我们总是按照业已形成的习惯处理事情和解决问题，但往往很难达到我们的目标，如果能换一种立场，从相反的角度去处理，事情或许就会出现令人意外的转机。在人类发展的漫长历史上，很多发明正是得益于“反面教材”。

古希腊有个神话：宙斯给了潘多拉一个盒子，盒子里面装着这个世界所有的罪恶和苦难。宙斯告诉潘多拉，绝对不能打开这个盒子。潘多拉很好奇，越是不让她打开，她就越是想打开，看看里面装的到底是什么。结果，她打开了盒子，放出了世界上所有的罪恶和苦难。

心理学家认为，人类有一种探究的本能，遇事都想知道个究竟，以揭示其奥秘。就是这个本能激发了人们的好奇心，驱使人们去找到事情的真相。这种欲望被禁止的程度越强烈，人们产生的抗拒心理就会越大。每个人内心深处都潜藏着逆反心理，别人告诉你“不准看”，你就偏偏要看；别人告诉你“不准做”，你就偏偏要做。想自杀的人在听到别人“跳下去”的劝告时最终放弃了自杀的想法，正是由他的逆反心理所决定的。

一位时装店的经理不小心将一条高档呢裙烧了一个洞，其身价一落千丈。如果用织补法补救，虽然能蒙混过关，但这是欺骗顾客，万一被顾客识破了，就会声名狼藉。于是，这位经理突发奇想，索性在小洞的周围又挖了许多小洞，并精心地进行了修饰，还给它取了一个非常好听的名字——凤尾裙。很快，凤尾裙以惊人的速度赢得了女性消费者的好评，该时装商店也因此声名大振。

洗衣机的脱水缸的转轴是软的，用手轻轻一推，脱水缸就会东倒西歪。可是脱水缸在高速旋转时，却非常平稳，脱水效果非常好。在设计之初，为了解决脱水缸的颤抖和由此发出的噪声问题，工程技术人员想了很多办法，先是加粗转轴，最终失败。后来又把转轴加硬，还是失败了。最后，他们来了个逆向思维，弃硬就软，用软轴代替了硬轴，颤抖和噪声两大问题都解决了。

无论你在从事什么工作，如果你陷入了一筹莫展的艰难境地，用正常的方法无法解决问题时，你可以试着从相反的角度想出解决的办法。所谓的逆向思维，客观地说其实是一种创新思维。社会要发展，需要创新；我们要进步，同样需要创新。没有创新，再先进的国家也会落后，再先进的技术也会有被淘汰的时候。

我们在前面说过，每个人都希望得到别人的称赞，但事实上，缺点也能成为一种说服力强大的反面教材。缺点不仅是人性格中的弱点，如果运用得当，同样能拥有成功的人生。

世界上有一个“矮人餐馆”。在这里，无论是经理，还是厨师、服务员都是身高不足1.3米的矮人，其中，最矮的只有0.67米。他们的餐馆之所以闻名全球，主要得益于他们独具特色的服务方式。

当顾客光临餐馆时，一位头大身子小的矮人服务员立刻就会前来热烈地欢迎，笑容满面地双手奉上擦脸毛巾。当顾客坐在舒适的座位上后，另一位矮人服务员就会递过来几乎与自己一样高的精致大菜谱，供顾客点菜。他还故意做出一些滑稽的动作，惹得顾客们捧腹大笑。矮人殷勤周到的服务，使人顿觉胃口大开，因此赞不绝口。

这个餐馆的老板是美国人吉姆·特纳，他是个侏儒，身高只有1.1米。最初经营餐馆时，他和大部分酒店一样，招聘了一些年轻的姑娘和小伙子当服务员，结果却在激烈的竞争中生意惨淡。雄心勃勃地吉姆决定改变这一切，对餐馆进行彻底的改革。他说：“在竞争中，经营者如果没有惊人的绝招，就只有失败者一条路。”

吉姆整天冥思苦想，终于意识到，要想从众多酒店中脱颖而出，就必须拥有自己的特色。那么，应该找什么样的服务员呢？一天，他在大街上看见了一个头大身子小的矮人，顶多只有1米高，长得十分有趣。如果有这样的服务员，一定能引起顾客的兴趣。吉姆灵机一动，脑子里涌现出了一套完整的改革计划。

他把这个人拉住，问道：“你叫什么名字？”

“比鲁。”

“如果你愿意去我的餐馆帮忙，我可以让你当经理。”

“我非常乐意，先生。”比鲁毫不犹豫地答应了。

第二天，比鲁就帮吉姆在报上登载了招聘启事，只招矮人，待遇优厚。在短短几天内，比鲁就招募了一支“矮人队伍”。世界上绝无仅有的矮人餐厅诞生了，引起了很多顾客强烈的兴趣。很快，矮人餐厅的美名就传遍了全世界，吉姆因此取得了极大的成功。

我的邻居玛丽女士觉得自己生活得非常不幸，经常在我面前哭诉，说她的丈夫不关心她，孩子不体谅她。起初，我还是本着对人负责的态度劝慰她，但日子久了，我就觉得不耐烦了。有一次，她和丈夫争吵后又在我面前哭诉，我终于忍不住内心的愤怒，一本正经地说：“既然你对你的婚姻和家庭这么不满意，那你最好还是离婚。这样你就能找个合意的丈夫了。”

事后，我为自己鲁莽的行动感到后悔，一直想找机会向玛丽女士道歉。一天，玛丽女士又来到我家，我诚恳地请求她的原谅，没想到她哈哈大笑道：“我还要谢谢你呢，我的好朋友，听完你的话后我反思了很长时间，终于明白了一个道理，那就是我的丈夫和孩子事实上并没有我描述的那么糟糕。我一直把自己置于不幸者的地位，其实在不知不觉间已经给自己的眼睛和心蒙上了一层面纱，这才是我不幸的真正原因。从今以后，我要快快乐乐地过好每一天。”

当你在说服他人时，正面的说理可能会激怒对方，从而使得他的怨恨更深，因此就更难说服。但如果你改变传统的劝说方式，顺从他的意思去说服，效果一定会大不一样。

记住，说服也需要不断创新，一成不变的说服，会让人觉得味同嚼蜡，从而增加说服的难度。但不要盲目地模仿别人，永远没有人比你更了解你自己，没有人知道什么样的说服方式更适合你。

放低自己的姿态

▶ 无论你身处人生的巅峰，还是跌入命运的低谷，都不要忘记示弱，这是一种让你的人生更豁达、更幸福的捷径。事实上，那些表现弱势的人，并不一定是真正的弱者，往往是聪明的说服者。

在几百年前，意大利天文学家伽利略就说过：“谁也不可能教会别人什么事，只能帮助他学会什么事。”19世纪英国政治家查士德·斐尔也对自己的儿子说过类似的话：“要是有可能的话，你比别人聪明是最好不过的事情了，但不要把你比别人聪明这件事在别人面前显摆出来。”苏格拉底在雅典也经常这样教育他的弟子：“我只知道一件事，那就是，我一无所有。”

这其实是一种“低头”的姿态。在说服的过程中，刻意抬高他人或暴露自己的一些弱点，往往能消除对方的警戒和恐惧。要知道，人类都存在一个共同的弱点，即永远认为自己是最优秀、最正确的，从来不肯真心地接受比自己优秀、正确的人或事。当然，这只是愚人之所作所为，真正的聪明人从来不会特别强调自己的优势，或千方百计显示自己比对方高明。

19世纪末，芝加哥一位叫克拉克的保险核定员被法庭指控为诈骗保险金而犯下纵火罪，在拘押期间被人保释，但由于他非常胆小怕事，于是在定罪之前绞尽脑汁逃避法律的制裁。经过分析，他认为让自己脱罪的唯一办法就是，说服他的速记员，证明他当时不在场。这位年轻的速记员叫米德雷·史培莉，工作能力突出，和他已经合作了很多年。

一开始，她坚定地拒绝为克拉克作伪证，但经不住克拉克妻子和女儿的苦苦哀求，决定铤而走险帮助他。于是她对法官说，事发当天克拉克在芝加哥，但是并没有去犯罪现场。

但结果，克拉克因为罪证确凿而被判入狱，这位无辜的女速记员也因为作伪证而被定罪。她不愿因此身陷囹圄，于是委托一位著名的律师帮她辩护，这位律师被她的苦求所感动，答应替她出庭辩护。

后来，这名律师亲自带史培莉去拜见州长。当他委婉述说当事人的无辜、不幸和服刑可能出现的悲惨结局时，那位州长也忍不住热泪盈眶。

这是芝加哥第一起诈骗保险金案，所以引起了所有人的极大关注。州长原本坚持要对犯罪者严惩不贷，但他终究被那位律师的话打动而改变了想法，反过来同情这名女子。

"可怜的女士，我知道你为什么会这样做。"州长泪流满面地说。

"州长，我请求您能赦免她，她的家人要靠她一个人养活。"律师趁机补充了一句。

州长犹豫了一下，问道："她的刑期是几年？"

"法庭还没有判决，下星期才会开庭审判。"

"既然如此，那我就等这位女士判刑后再赦免她。"州长微笑着说。

律师的目的达到了，他完成了几乎不可能完成的任务。他一开始就采取低姿态，主动向州长示弱，最终取得了州长的同情，从而拯救了这个无辜、可怜的女速记员。

曾有人问苏格拉底："你是天底下最有学问的人，那么请你告诉我天与地之间的距离多少？"苏格拉底毫不犹豫地说："三尺！"那个人不以为然，接着问道："这怎么可能呢？几乎每个人都有五尺高，如果天与地之间只有三尺，那么天不就被戳破了？"苏格拉底笑着说："没错！所以我认为，每个身高超过三尺的人，要想立足于世，就必须时时记得低头。"

"美国之父"富兰克林年轻时曾去拜访过一位前辈，年轻气盛的他昂首挺胸地迈着大步走进门，一不小心撞在了门框上，迎接他的前辈见此情景，笑着说：“很痛吧？相信我，这将是你这次到访最大的收获。无论是谁，生活在世界上，都要学会低头。”

无论是苏格拉底口中的“记得低头”，还是富兰克林所说的“学会低头”，说的其实是同样的道理，都是要我们学会示弱。关于示弱，很多人会产生误解，认为只有真正有弱点或很软弱的人才会低头，才会告诉所有人他很弱小。但事实上，适时示弱是一种低调做人的智慧，而敢于示弱的人，并不一定就是真正的弱者。

当我们想说服一个人的时候，要么是苦口婆心地劝导，要么是像老师对待学生或家长对待孩子一样，要求对方接受自己的想法。恐怕没有人，包括你自己，也不会喜欢这种强迫性的、被硬塞给你的好心劝导。很多时候，严厉的指责性的话语换一种方式表达出来，往往会收到相反的效果。

请注意，你谈话的时候永远不要出现这样的字眼：“那么，你来看我是怎么做的。”因为你这样说，无疑是在告诉对方，你比对方强，你能让他明白一些事，你能改变他的想法。知道你错得多么离谱吗？永远没有任何人能心安理得地接受对方带有挑衅和指教意味的说服，任何时候都不可能。事实上，连你自己也无法保证自己的每一句话都说得正确，每一件事都做得正确，因为正如世纪伟人西奥多·罗斯福说的那样，他对自己决策正确率的最大希望是75%，又怎么可能用自己并不一定正确的言行去令他人信服呢？

法国哲学家拉罗什弗科尔说：“如果你想树敌，就设法超过自己的朋友；如果你要朋友，就请为你的朋友提供超过你的机会。”

真正的强者，一定懂得这样的道理：一次善意的示弱，其实是人生中难以达到的境界。示弱是一种能力，不是自卑，也不是怯懦，而是一种让自己在千万人中更出众、更优秀的智慧。你会发现，很多时候，弱者恰恰是最聪明的说服者。无论你是得意还是失意，无论你是成功还是失败，无论你是幸福还是不幸，永远不要忘了适时示弱。

记住下面几个有关低姿态说服的要点：

（1）谈话的时候永远不要出现这样的字眼儿：“那么，你来看我是怎么做的。”这样的话简直是犯了大忌。

（2）要想让教导看起来不像教导，就要让对方有这样一种感觉：他的错误只是由于他忘记和忽略了而已。

（3）一个强势的人试图说服同样或者更强势的人，结果只会引起激烈的争执，而争执并不能解决任何问题。

（4）内心强大的人往往表现得很温和。如果对方迫于某种压力而屈服于你的话，他在内心深处是不会赞成你的。

第五章

如何进行工作沟通

展现专业性的风采

▶ 所有的雇主都需要具有专业素质的人才，如果你的形象、语言、举止不具备专业性，便无法获得雇主的认可。因此，当你去面试的时候，便要时刻不忘表现你的专业性，这一点非常重要。

有些人认为只要自己有真正的才能就行，其他都只是次要的问题。但是你要明白的是，你的才能只有展现出来，那些雇主才会对你感兴趣。在你的才能展现出来之前，你在他的眼里跟别人是没有区别的。由此可以这么认为，面试的过程，就是推销自己的过程。你就是一件商品，你需要做的就是说服对方购买你这件独一无二的商品。你该如何推销自己呢？

第一，大方的仪表形象。与雇主交谈的时候，你给人的第一印象非常重要。而你的仪表形象，直接影响你给人的第一印象。因此，你要多加注意。

（1）服装。当你意识到对方有决定是否录用你的权力的时候，你就要知道该有什么样的仪表。那么，面试时你应该穿上最正式的服装。但是，你的服装不要过于隆重，要知道你是要工作，而不是参加舞会。什么样的服装才算是正式的服装呢？最好的办法是，穿上适合你将来的工作的衣服，它将使你给人一种非常胜任的感觉。

（2）化妆。同样，为了配合你的服装，你要决定是否化妆，即使化妆也不要过于浓艳。

（3）准时。在面试前，要尽量提前几分钟到达现场。到达后，你需要保持风度和注意仪表，为此，你需要端正地坐在座位上，安静地等待面试人员的召唤。与面试人员礼貌地握手后端正地坐下，与面试人员保持恰当的距离——不要太近，也不要太远。

（4）气质。说话的时候要礼貌、热情和自信。说话的时候要注意看着对方，虽然对方有决定权，也不要因为害怕而不敢看他。你应该一直面带微笑，这会帮助你给人一种自信的感觉。当对方说话的时候，要面带微笑地看着他，仔细倾听他所说的话。你应该用你的言行来对他表示回应，表示你正在关注他。不要打断他的话，这是很不礼貌的行为。

（5）矜持。不要过于激动。即使对方对你很感兴趣，也不要忘乎所以，因为失控容易使你错误百出。即使他已经明显地对你表现出了肯定的意向，你也不要太高兴，因为事情还有转变的可能。

（6）态度。你要保持不卑不亢的态度。不要表现得低声下气，好像你在求对方一样。这是一种相互的选择，对方并不能决定你的命运。而且如果你表现得很卑下，这会让对方对你的能力产生怀疑。

第二，得体的语言表达。在现在的职场中，你的综合素质将受到更多的重视，而不仅仅是你的知识和智力。你说话的声音和语调代表着你的性格、态度、修养和内涵。对一个陌生人来说，声音的特点会更加明显地传达这些重要的信息。所以，务必使你的口齿清晰、语言流利，不要含糊不清、吞吞吐吐。如果你能把每一个字都十分清楚地表达出来，你就会给人一种自信和头脑清晰的感觉。

有些职场新人由于紧张或急于表达自己，往往在对方问他一句话后，会连续不断地把自己的想法表达出来。他们说话好像是在跟火车赛跑一样。在清楚地表达自己的同时，使用含蓄和幽默的语言，可以营造轻松愉快的谈话气氛，拉近你和面试人员的心理距离，这将使你获得更大的成功。当然，这些语言技巧都不要使用得过多。

第三，从容地表现自我。面试的时候，面试人员通常会要求面试者做一个自我介绍，这是自我表现的第一步。虽然你最了解自己，但是要通过几句话——的确只有几句话——就让别人了解你却并不容易。所以，自我介绍并不是一件容易的事，你需要非常慎重地做好准备。

那么，如何才能通过简短有限的语言和时间来让对方明确地了解你呢？

首先，你需要知道你的目的是让对方了解你究竟是谁，而不是跟对方闲聊。你的姓名、性格、学历、工作经历等一些基本的信息都要做下简单地介绍。这些信息可能很重要，也可能并不重要，关键要看雇主更加看重哪一方面。不过，要记住的是，这只是自我介绍而已，你不需要把你想说的话全部说完，接下来你可以慢慢补充。

其次，面试人员最关心的可能是你的能力，从而判断你是否胜任你希望获得的工作。许多面试者总是想表现得很优秀，在他们的言谈之中，好像在表达这样一个意思："我什么都能做。"也许这是真的——但是能做不代表一定能够做好。雇主希望找到的是能够真正做事的人，而不是一个夸夸其谈的人。所以，你需要谨慎地介绍。

再次，把自己的特点表达出来，这是最重要的一点。你需要实事求是，不要夸大也不要缩小你的优点和缺点。不要把面试人员当作傻子，否则他们也会像你这么做的。重要的是要让对方认为你的确适合你希望获得的工作。

最后，妥善地处理问题。"你为什么选择这个工作？"面试人员通常会这么问你。有些人回答得莫名其妙，这让面试人员认为他们没有什么头脑。如果说："我想来试一试，毕竟多一个机会"或者"本来我不想来的……"一类的话，那么这些人几乎已经没有成功的可能了。有一些在面试中经常碰到的问题，也正是求职者经常犯错误的地方。我们需要谨慎妥善地处理此类问题。

我们要明确面试人员这么问的意图是什么。通常，他们想借此来了解你的职业目标和你对公司的熟悉程度。当认识到这一点后，你就可以进行有针对性的回答。你必须把自己的志趣和你将来的工作、公司联系起来。比如，"贵单位的管理理念正符合我的工作信念"，这样的回答是十分合理的。

在面试过程中，我们遇到的另一个比较常见又非常难回答的问题就是：你认为自己有什么不足？他们之所以会问这个问题，是想了解你的诚信度和你是否与应聘的职位相匹配。一般人只会顾及到两个方面中的一个方面，要么直截了当地把自己的缺点都说出来，以求给面试人员一个诚实的印象，要么掩饰自己的缺点，向面试人员撒谎。

这两种做法都是不可取的。我们应该在两者之间寻找一个平衡点。比如，如果你应聘的是一个财务工作，你可以这么说："我是个慢性子，这使得我常常对每件事情都考虑得很细致。"又比如，你笼统地说："我的确有很多缺点，但是我想这些缺点并不会影响我的优点的发挥。"

有时，面试人员通常还会这么问："如果你的意见和上司的意见发生了冲突，你会怎么做？"这种假设是想试探你的沟通能力和自我认同感。你的回答应该是："首先，对上司的意见进行思考，因为毕竟他比我更有经验，看问题也会更加全面和深刻一些；其次，如果我的确认为我的意见更加准确，那么我会把我的意见和上司进行沟通，相信他也会赞同我的意见，因为毕竟我们的目标是相同的。当然，在沟通的过程中应该注意运用一定的技巧。"

最后一个问题是你最为关心的问题——那就是薪酬。大胆地说出你的期望薪酬，不要说"按照公司的规定办"之类的话，这表明你对现在的工作并没有很清楚的认识。当然，你的期望薪酬应该跟公司和你个人的要求都相符合，过高或过低对你都没有好处。给出一个可以浮动的范围，这样让对方有考虑的空间。一般而言，如果你的确很适合的话，雇主不会让你失望的。

在面试的时候，一定要注意以下几点：

（1）端正面试的态度，想办法让自己明白，面试成功和失败都不是什么大不了的事情。

（2）要保持诚信、不卑不亢的态度。要知道，推销自己只是手段，而不是目的。

（3）不要忘记，面试也是你在选择对方——你要主动选择。

获得领导的认可

▶ 与上司沟通是一门相当重要的学问。从某种程度上来说，你的工作是否顺利，并不是全部由你的专业能力来决定的，很多时候，还要看你是否能够得到上司的支持。如果你不擅长与上司进行沟通，无法获得更多支持，很多工作可能就无法展开。

身在职场，我们不得不考虑到与上司相处的学问。不过，听起来让人比较沮丧的一个事实是，在某种程度上，你在职场的前途是由你的领导决定的，因此你必须得让他觉得满意，或许有些事情可能要询问同事的意见，但不管如何，你的升迁或加薪等事情毕竟最终是由他说了算的。所以请放弃你那幼稚的想法，不要想当然地认为，勤奋苦干就能让你在职场一帆风顺。这是错误的想法，绝对是错的。我不是危言耸听，虽然勤奋苦干的员工确实是上司都喜欢的，但是这却不是主要的。

职场的确是一个十分复杂的地方，并不是全部由才干和能力来决定你的前途和方向。在这里，你的个人需求和公司的需求必须有一个恰当的结合点，你的个人爱好和工作性质可能会发生冲突……因此，如果你身处职场，就要学会恰到好处地跟领导交流。我这里有一些建议可以参考：

第一，主动地与领导交流。人性都是渴望交流和沟通的，领导也是如此。你不一定要等到领导召唤的时候才走进他的办公室。如果你有一个工作上的意见或建议，你可以去敲他的门。我还没有见过哪位领导的办公室是不让下属进的，一般而言，他们是欢迎你的。

主动地与领导交流能够使你给领导一个非常好的印象，因为这代表你在用心工作——用心工作我并不反对，但是关键是要让领导知道这一点。另外，了解所有下属是领导需要掌握的一种信息和基本的工作任务，因此即使你不找他，他也会主动找你谈的。

第二，学会提建议。如果你的领导对你说："有自己的想法是好的。"在一般情况下，这不是客套话。一般的领导都喜欢有想法的下属，他们似乎更喜欢那些新奇的玩意儿。千万不要忘记，正是这些东西能够给他们带来好处。

请记住这一点：向领导提工作意见，是博取领导好感的一个很有效的方法——当然，其实际内容也应很不错。但是，在此之前你必须先做一些事情。

首先，你应该对自己的意见或建议有十分成熟的思考，而不是仓促之间形成的一个灵感的闪现。如果是一个建议，你最好不仅告诉他你的建议是什么，还要告诉他为什么要这样以及应该怎么做——有时候，一个点子的可执行性恰好是决定它的好坏的关键。

其次，摸清你的领导的工作习惯，把握好交流的时机。当然，你不能在领导会见客人或者通电话的时候去见他。尽量不要在他专心思考某个问题的时候去打扰他。

最后，你需要注意的就是，提建议时，千万不要表露"我比你聪明"之类的态度。这种表现本身就不是事实，也没有任何好处——它对你来说是致命的错误。因为这说明，你向领导提建议的本意只是为了表明自己更加优秀而已，而不是为了工作本身。

第三，不卑不亢的态度。领导对身处职场中的人来说的确非常重要。我在前面已经说过，他们对你的升迁和加薪等问题具有决定性的作用（即使不是你的直接领导，也或多或少具有一定的影响力）。

另外，他们的确在某些方面比你更加出色，在工作和事务上，他们也扮演着更加重要的角色。从这个意义上说，我们必须对他们保持相当的尊敬。

但是这绝不意味着你很卑微，因为在人格上，你们是平等的。传统的那种对领导一味地奉承和附和已经没有多大的意义，你并不会因此给领导留下深刻的印象。

现在的领导都相信，自己需要的是那种有见识并且诚实可靠的下属。随声附和除了能够满足他们的虚荣心之外，对他们没有任何意义。因此，你需要勇敢地表达自己的观点。

要游走于尊敬和独立之间，做到这一点的确很难。但是如果你想在职场中取胜，也只有做到这一点。另外，你可以把做到这一点当作是一次挑战。

第四，正确对待批评和指正。所谓的“正确对待批评和指正”是指，对领导所说的话，接受正确的部分，拒绝错误的部分。领导有责任、有资格对我们进行必要的批评和指正，他们比我们拥有更多的学识和经验，看问题也更加全面和深入，角度也更新。因此，我们不应该因为受到批评而羞愧，甚至怨恨；我们应该很高兴才对，因为我们又可以纠正自己的一个错误了。

当意识到领导的观点有错误的时候，一般的人都会对自己的观点产生怀疑——这种怀疑是十分必要的，关键是不能因为怀疑而轻易地否定自己的观点。还有一部分人经过怀疑后确认自己的观点是正确的，但是却不做任何反应，就好像领导的话是金科玉律一样。

领导怎么可能没有错误呢？当然，向领导提出我们发现的问题也不是一件十分简单的事情。虽然我们一再强调领导应该宽容、大度和理性，但是现实生活却是另一番情景。他们往往在做事的时候并不那么理性，甚至比我们还偏激。我们必须客观地认识到这一点，他们只是比我们少一些错误罢了。一种观点是，我们好不容易发现了领导的错误，因此不应该错过表现自己的机会。但我更加喜欢换一种方式理解，即认为这是对工作的一种认真态度。做任何事情都要把它尽自己的所能做到最好，而不是采取马马虎虎的应付态度。

因此，我们应该采用一种既符合我们的身份又可以被他接受的方式去提出我们发现的错误，并且说出自己不能接受的理由。当然，在任何时候，我们都应该以理服人。但是，千万不要当面顶撞领导，这会给领导和你自己都带来伤害。那些莽撞的，自认为有才识、有能力的下属常常以顶撞领导为乐，因为这好像能说明他的确很有才能和与众不同。也许的确如此，但是他们这样表现出来并不是很高明。

第五，正确的表达方式。注意你和领导说话的方式，你应该做到语气适当、措辞委婉，你应该继续保持那种尊敬和独立之间的平衡，在表达的时候要特别注意这一点。

为了不浪费领导宝贵的时间和展现自己的语言表达技巧，你都应该言词简短——当然是要以把你的意思表达清楚为前提。

另外，应注意一些说话的禁忌。要选用那些合适的词语，不要使用和你的地位不相称的词语。这些词语包括："您辛苦了"、"我很感动"、"随便都行"等等，它们会让你看起来更加像领导。

第六，把握提要求的度。为了谋求更高的职位和薪水或者更好的工作环境，你可能需要向领导提一些要求。一般来说，领导对提出要求的下属的态度是：理解，但也十分为难。领导感到为难的原因很复杂，其中有一些原因与下属无关，另外一些原因则与下属有关。为了使自己的要求更加容易被领导接受，你需要注意一些提要求的技巧：

（1）不要提过高的或不切实际的要求。领导不但无法满足你那些要求，而且会因此对你产生反感。它很容易使你和领导的关系变得很糟糕。

（2）注意你的措辞。不管你认为你的要求有多么合理，都要尽量用商量的语气跟领导说话。不要让领导觉得自己受到了威胁，或者被命令满足你的要求。他会不自觉地拒绝你的要求，即使没有太多的理由。

巧妙处理同事关系

> 如果能够与同事开展合作，将有利于你的事业发展。但是合作并不容易，不懂相应的沟通技巧，则可能会引发一些冲突。一些言语上的技巧，可以化解矛盾，融洽关系，使你与人的沟通更加流畅，合作也更加顺利。

身在职场的人有时候会感到很累，因为在这里充满了太多的无奈——自己不喜欢的应酬太多，或者不得不跟那些自己不大喜欢的人一起工作。的确，你可能没有更好的选择。但是，职场也未必像你所想的那样只是让人悲观，关键是要看你如何看待。

只要你按照下面的方法来做，你与同事之间的关系将不再是你烦恼的事情。

第一，对同事多赞美，少指责。不论是同事穿了一件漂亮的衬衫，还是工作干得出色，你都可以赞美他。不要吝于赞美你的同事，因为赞美是最直接、最有效的使他对你产生好感的方式之一。当然，你不能毫无原则地赞美他，否则会给人一种不真诚的印象。

第二，端正心态，纠正态度。一般而言，同事和你仅限于工作上的合作关系。当然，也许你和同事之间也会成为朋友，但大部分时候你们却是合作伙伴。所以，除了亲人之外，最经常见到的人恐怕就是同事了。如果你愿意，你可以从同事那里学到很多有用的东西，就好像你从朋友身上学到的一样。

不论你对你的同事多么喜欢或者讨厌，在跟他们交谈的时候，你都要首先尊重和体谅对方。每个人都有自己的优点和缺点，他们会给我们提供很多工作上的经验和知识。但是如果在你们之间划出一道鸿沟，你就失去了更多提高的机会。

第三，学会调节气氛，适当制造幽默。办公室里可能需要一些欢声笑语，这有助于活跃工作的气氛，这样可以使人际关系更加紧密。幽默是人际关系的润滑剂，你的一两句幽默话可能会起到这样的功效，也可以展示你的才华和个性，但是你必须注意掌握开玩笑的分寸。

另外，你要注意开玩笑的场合。在专心工作的时间内，最好不要突然来一句幽默。这样不但违反纪律，而且会影响工作。

开玩笑要适度。不要把玩笑开得过火，否则势必会给你和同事带来不利的影响。

制造幽默也要分清对象。对不同的同事，应该有不同的对待。也许有些同事天生没有幽默细胞，他会对你的幽默产生误解。

最后，你要谨慎地注意到这一点，不要开黄色的玩笑。我知道很多成年男人经常喜欢说一些黄色笑话，在同性中尚可以原谅，但是如果有异性在场，那么这种玩笑一般是不应该开的。

第四，多倾听，少说话。不要在办公室里唧唧喳喳地说个不停，这里不是表现你的演讲才华的地方。许多人急着想要别人了解自己，于是话说得太多了。你应该把你的主要精力放在观察和学习而不是表现自己上。只有向你的同事请教工作上的问题，才会使你自己得到提高；否则，你就将落后于他人。

仔细地倾听同事所说的话，不要因为对方说的话不重要或者没有水平就心不在焉，尽量发现对方说话中的积极因素。任何人都有可能成为你以后的合作伙伴、好朋友，甚至是顶头上司。

第五，学会巧妙地拒绝。每个人的能力都是有限的，每个人也都有不得已的苦衷。虽然同事之间难免有工作上或者生活上的事情需要相互帮忙，但是有些时候你不得不拒绝对方的请求，这是让人为难的地方。只要处理得当，这并不是一件让你烦心的事情。

拒绝同事必须以维持你们之间的关系为前提。当你的同事打算请你办一件事情的时候，你可以告诉他你还有一些重要的事情要做，等把这些事情做完了，你才能帮他做这件事情——摆出你拒绝的原因，对方一定会理解你的。

第六，注意交谈中的忌讳。每个人都有秘密，对于别人的这些隐私最好不要触碰。另外，对于他人的弱点和不足也不要当成交谈的话题，这只显出你人品和道德的低下。在交谈中，有下面几点最好不要触及。

第一，不要在同事面前说上司的坏话，不要随便交心。你的有些似乎是开玩笑说出来的话被你的同事听到后，一部分人可能会把你当作他的垫脚石。你不能不防这一点。

第二，不要刺探别人的隐私。人人都以了解别人的隐私为乐，却不希望别人了解自己的隐私。因此，为了不至于引起别人的反感和警惕，千万不要打听别人的隐私。

第三，不要过于张扬。不要在同事面前显得自己多么与众不同。实际上，每个人都会认为自己与众不同。因此，保持低调、谦虚的态度，只有这样才会使你得到同事的认同。

第四，不要命令别人。我在前面已经说过，不论是在经验、学识，还是在地位方面，你都没有资格去命令你的同事。如果你想得到别人的帮助，只有使用别的方法。

下面是与同事愉快合作的注意事项，需要牢牢记住：

（1）只有对别人尊重，别人才对你尊重。

（2）与同事和谐地相处，能够使你的工作更加顺利地开展，并且能使你愉快地工作。

（3）不要急于表现自己，不要话说得太多或者自大，这样会使你和同事之间产生距离。

非凡的领导艺术

▶ 如果你是一个领导，那么你就不得不与你的下属——那些职位低于你的人进行有效的沟通。一个领导只有掌握了沟通艺术，才能成为一个好的领导。可以说，沟通艺术是领导艺术中非常重要的一种。

很多领导与下属之间出现了沟通上的问题，这不仅对个人产生了很不利的影响，而且也阻碍了工作的顺利进行。那么，应当如何有效地与下属进行沟通交流呢？我认为应该从下面几点来做。

第一，清晰、明确地下达指令。清晰、明确地下达指令，这是对领导者的基本要求。用简洁、有力的话表达你的意思，让它们有效地传达到下属的脑海中去。尽量让你的指令没有歧义，也符合下属能够理解的水平。

很多领导喜欢长篇大论，这往往导致在说完某件事情后，下属们完全不明白他想要表达的意思究竟是什么。这是因为领导者在下属的心目中已经建立起了某种权威，他们说的每一个字、每一句话都会作为重要信息传达到下属的大脑里。正因为接受的信息过多，下属忽略了领导想要表达的重要信息。我并不想说这完全是领导者的责任，但是至少他应该承担大部分的责任。

所以，作为领导者应当考虑得更为全面以确保指令的有效执行。你考虑的不应该只是你想要表达什么，还应该包括听的人接受了什么。不要让自己的话漫无边际，只有等下属完全明白了你的意思，你才可以这么做——而且你的确不应该长篇大论，因为下属有他们自己的工作要做，他们不是来听你的高谈阔论的。

许多领导者有许多新奇的想法，他们是高效率的“点子”生产机。但是，他们却不懂得如何让这些点子有效地得到执行。他们经常会否定一个小时前的指令，而用新的指令去代替它。结果怎么样呢？这让下属非常的头疼，他们不知道如何执行，因为他们往往同时得到几个相互矛盾的指令——这确实是一件非常让人为难的事情。我见过很多领导都犯有这样的错误，他们的权威不容侵犯，最后只有一种情况发生——下属忍受不了这种折磨，自炒鱿鱼。所以，不要朝令夕改，要让你的指令都是你成熟的想法。

第二，随时和下属进行谈心。谈心是一种最直接和最有效的沟通方式，它能及时了解下属的想法和意见，是防患于未然的一个重要方法。所以，在平时要多和下属进行谈心，对此需要注意以下事项：

确定目标。确立你谈话的具体目标，明确谈话的主题，列出你可能和对方交换、传达的信息，然后安排好谈话的时间和地点——我认为不应该固定时间和地点。

了解下属。彻底了解你谈话的对象。要从下属的角度出发考虑谈话中可能会出现的问题，以及谈话会对他产生的影响。

引导谈话。将谈话引导到你的预定方向上去。当然，你可能也会得到很多意想不到的收获。

第三，对下属进行有效批评。人人都会犯错误，因此批评教育也肯定是不可勉强的。当下属做错了一件事情，或者没有完成某件事情的时候，领导当然应该对其进行批评和训导。关键在于，你的出发点是想解决问题。你需要按照以下几点来做：

对事不对人。在你进行批评和训导的时候，应该让他觉得你并不是针对他本人，而是针对具体的事情进行批评的。你应该平静地指出问题所在，并且以各种方式暗示对方，你的目的只是为了使工作做得更好，而不是图一时之快。

保持平静的态度。不要给下属一种正在被审判的感觉，你需要营造一种平和、认真的沟通气氛。只有在这样的气氛当中，你们才能有效地解决问题。

保持公平公正的态度。公正地指出下属所犯的错误和应该负的责任，任何一个错误都不会只由某一个人造成，况且，你的下属当然也不希望犯这样的错误。

适度的原则。你应该指出他只是造成这个错误的一分子，并且应依照相关的规章制度客观地指出他应该承担的责任，不要给他一种罪不可恕的感觉。这样他不仅不会改正，还会自暴自弃或者逆反到底。

对其进行鼓励。不要忘记鼓励犯了错误的人，他们可能已经在某种程度上对自己失去了信心，急需别人给予肯定。当然，也不要忘记指导他们对错误进行改正。

记住，管理不在你的权威，而是态度：

（1）不要以那种高高再上的态度与下属说话，否则你必将收不到很好的沟通效果。

（2）你的诚恳态度不是一种妥协和退让，你仍然需要在必要的时候保持领导者的权威。

（3）尊重你的下属，这是对方尊重你的前提。

激发你的工作热情

▶ 我曾经看到过许多濒临破产的企业，他们的员工都是懒洋洋的，没有一点儿工作热情。我并不想讨论企业的濒临破产是不是他们这么消极导致的，但是我敢说，如果能够激发他们的热情的话，这些企业中90%都可以起死回生。

激励可以创造奇迹，把不可能变成可能。我没有高估激励的威力，有很多人也是这么认为的。近来，越来越多的企业家热衷于领导艺术的研究了。他们开始致力于研究这样一种方法，即如何使员工发挥出自己的潜能，从而走向事业的成功。他们发现，只有激发员工的这种工作热情，企业才能走向成功。

激励别人获得成功是一件非常美妙的事情，激励的作用常常可以创造一些看似不可能的奇迹发生。

意大利的那不勒斯有个10岁的男孩，一直渴望能成为歌唱家。但是他的第一个老师却浇他的冷水。“你还是放弃吧，”那位老师说道，“你的音质不好，听起来像是风吹在百叶窗上一样。”

但是男孩的母亲却不这么想，她是个贫穷的乡下农妇，常常搂着男孩并赞美他的歌声。她知道男孩会唱歌，也一定能继续改进。于是这位母亲省下每一文钱让男孩去学唱歌，男孩在母亲持续的鼓励和赞美之下，终于成了一代有名的歌剧演唱者。这个男孩就是歌王卡罗素。

19世纪初，英国伦敦也有个年轻人，满怀大志想成为一个作家。但事事显得极不顺利。他的父亲因为不能偿还欠款被判入狱，而这个年轻人只受过不到4年的正规学校教育。不仅如此，他还常常忍受饱尝饥饿的痛楚。后来，他在一处破旧工厂仓库，找到一份粘贴标签的工作，晚上则与另两名贫民窟的男孩睡在一处阴暗的小阁楼里。

他对自己的写作能力实在没有信心，每次都到三更半夜才偷偷溜出去把稿子投进邮筒里，因为他怕别人知道了会取笑他。他写了又写，但没有一篇被采用。他永远忘不了这伟大的一天，他的作品被采用了。虽然，他并没有收到一文稿费，但那名编者写了一封信称赞他。年轻人因这突来的认可而显得十分激动，他漫无目的地在街头游走，泪水滚落面颊。

这次投稿所得到的称赞和认可，使年轻人的生命整个改变了。假如不是那位编者的鼓励，他很可能终其一生在那间破旧的工厂里粘贴标签。这个年轻人就是英国著名作家查理·狄更斯。

还有一个故事，一个伦敦男孩在一家杂货店当店员，他早上5点钟就得起床，然后清理店面，接下来就是奴隶般地忙碌14个小时以上。每天都是如此，男孩十分厌恶这样的苦差事。两年之后，他实在忍不住了，便在某天清晨，连早饭都不吃，徒步行走了15里路来到母亲打杂的地方向母亲诉苦。

那样的生活几乎使他发狂，他向母亲哀求、哭诉、发誓若送他回去便要自杀等等。接着，他写了一封信给以前的老师，把自己的惨况告诉了他。而那位老师也回了他一封信，不但加以慰勉，而且认为他的聪明才智应该配得更好的工作，于是便请他到学校去任教。

这封称赞的信彻底改变了男孩的一生，也影响了英国文学的历史。此后，这个男孩勤于写作，所发表的作品都十分轰动，并因此成了百万富翁。他就是H.G.威尔斯。

上面这些案例正是我所要表达的，只要你善于利用激励，找对激励的方法，那么你就可能促成别人走向成功，同时也促使了自己的成功。正是这样，很多企业的管理者们都懂得运用激励机制来调动员工们的积极性和创造性。下面，我就列举几个他们激励别人走向成功的方法：

第一，时时赞美对方。赞美是激起员工积极性的一个非常直接、有效的方法。安德鲁·卡内基非常善于运用这个方法去激励他的下属。他的下属之一、造船厂的总经理修韦伯曾经这么描述过他：“公司里的重要人物、那些能干的人，基本上都是因为他的称赞而成功的。在我见过的大人物（其中包括不少优秀的企业家）中，他是最擅长于使用称赞而使人获得进步的。这种方法的确很有效，正是它成就了很多人的事业。它也是卡内基先生获得成功的一个重要原因。”

修韦伯本人也是自己描述运用赞美取得非凡效果的人之一，他从卡耐基那里学到了赞美的方法。作为一个造船厂经理，他的职员的工作热情几乎都非常惊人。在卡莫狄的工厂中，一项工作纪录才刚刚产生，马上就被另一项纪录打破了。

比如，在建造塔卡特号轮船的时候，他们只用了27天就完成了任务，这又是一项新的纪录。修韦伯和所有员工举行了一次庆祝大会。他做了一番赞美他们的演讲，并且送给每一个职工一枚银质奖章和一份威尔逊总统贺信的复印件，他还送给船厂每一位质量管理员一块金表。

相信我，赞美的力量的确不同凡响，如果你尝试一下你就会知道我说的是多么的正确。

第二，挑起竞争意识。挑起员工的竞争意识，这是激起他们积极性的又一个绝好的办法。

一天，查尔斯·史考伯在下班时，被一位分厂厂长拦住了。他对史考伯说：

“我不知道这是怎么回事。我用了各种办法去激励我们厂的员工，但是他们却总是不能完成生产任务。”

“我很奇怪，”史考伯说，“你是一个能干的领导者，竟然也不能使他们热情地工作？”

“确实，”那位厂长哭丧着脸说，“我已经用了能想到的所有办法。我苦口婆心地引导他们、激励他们，甚至威胁和责骂他们，可是他们却无动于衷。”

于是，史考伯跟那位厂长一起去了工厂，当时正是他们厂白班和夜班的交替时间。史考伯拦住一位正准备下班的员工，问他说："你们今天生产了多少台机器？"

"6台。"那位员工回答说。

史考伯点了点头，向厂长要了一支粉笔，然后在地板上写了一个大大的"6"字，什么也没说，就一声不响地离开了。

那些上夜班的工人看到地板上的字很奇怪，于是就问那些上白班的人是怎么回事。

"刚才，史考伯先生来过了，"上白班的人回答道，"他问我们生产了多少台机器，然后就在地板上写下了这个字。"

当第二天史考伯再次到来的时候，地板上的字已经被上夜班的人擦掉，改成了一个大大的"7"字。史考伯满意地笑了，然后又一声不响地离开了。那些上白班的人来的时候，看到这个"7"字，感到这好像是在说上夜班的人比他们强。他们当然不甘示弱，于是他们加紧工作。到下班的时候，他们得意地在地板上写了一个"10"字。而结果是，到了月底，他们超额完成了生产任务。

我们看到，史考伯先生在整个过程中，从没有对那些员工说过要努力工作，但是他究竟使用了什么样的魔法，使他们积极主动地工作呢？很简单，他激起了员工的一个十分重要的竞争意识，就是那种相互超越的欲望。事实证明，这种欲望的力量是强大的。

第三，给别人一个美名。莎士比亚曾经说过："如果你希望拥有一种美德，不妨先假定你已经拥有了它。"每个人都有一个理想化的自己，而这个理想化的自己拥有几乎所有的美德。所以，你如果按照这种方法去做，事先给了对方一个美名，那么他会竭尽全力去做到这一点，好像他们就要做给你看似的。

我的朋友钦特夫人最近雇用了一个女佣，并告诉她星期一上班。然后，钦特夫人打电话询问这位女佣以前的情况，她以前的雇主说她的表现不是那么让人满意。

但是要换人已经是不可能的了，因为钦特夫人已经雇了她。于是钦特夫人想了一个办法，即通过给她一个美名来使这个女佣得以改变。

星期一的时候，女佣准时到达。钦特夫人对她说："我昨天打了电话给你以前的雇主。她告诉我，你是一个诚实、勤劳的女孩；你的菜做得很好，而且很会照顾孩子。她说你唯一的缺点就是做事有点随便，屋子收拾得不是很干净。不过，我并不相信她说的话。因为你穿得十分干净和整洁，怎么可能不爱干净呢？"

这段话改变了这个女佣。她和钦特夫人相处得很好。这个本来不爱干净的女佣，为了维护自己的美名，每天勤快地打扫，不惜多花费几个小时。

既然这种方法如此有用，又不会使你少点什么，相反，它还能使你成为一个善于激励的管理者，那么，为什么不照做呢？因为帮助别人成功，就是你的成功：

（1）针对别人的优点进行赞美，这是最直接、最有效的方法。

（2）称赞他人的每个进步，即使十分微小，要"诚于嘉许，宽于称道"。

（3）假如要激励我们所接触的人，认识他们所具有的宝藏，我们所能做的比实际上改变的人还多。我们真能改变他们。

第二部分

人际关系篇

第六章

突破社交心理障碍

迈出孤独的阴影

深受孤独之苦的人都不知道，友爱永远不会变成从天而降的馅饼。想要结识新的朋友，便要冲破自怨自艾的枷锁，让自己沐浴在灿烂的阳光下。

在现代化器械和神奇药物推动医学突飞猛进的同时，本世纪却诞生了一种新的疾病——孤独症。

加利福尼亚州奥克兰市米勒学院的院长小林恩·怀特，曾在出席基督教女青年会的晚宴时发表了这样一番讲话："孤独是20世纪最严重的疾病。戴维德·瑞斯曼认为，我们是'一群孤独的人'。随着人口数量的急剧增长，人们的联系逐渐变得密切，形成了一片广阔的人的海洋，明确的邻里乡亲的观念已经逐渐被人们淡忘。冷漠的人际关系，公司或机构规模的不断扩大，以及人们搬迁的日益频繁，这一切都决定了人们很难在某个地方付出或获得深厚的友谊。在这个比冰川世纪更冰冷的时代，人们的灵魂也被冰冻了，而上述这些只是令人心寒、让人悲伤的几个方面而已。"

如果我们要战胜孤独，就必须冲破自怨自艾的枷锁，沐浴在灿烂的阳光下，结识新的朋友。但要是你一味地将自己囚禁在孤寂的牢笼中，你的命运终将只有一个结局——不幸。

5年前，我朋友的丈夫去世了。从那时起，她就变得和成千上万的美国人一样，陷入了一种孤独和悲痛的泥沼。

这样的日子持续了一个月后，一天晚上，她向我求助："我该怎么办呢？我应该在哪里住？我的生活还能幸福吗？"

我安慰她，五十几岁失去自己的丈夫当然是一件不幸的事，但是事已至此，就算每天以泪洗面，哀伤度日，丈夫也不会活过来，就应该尽快地清除自己内心的阴霾，早日寻找属于自己的快乐。

她哭着摇头说："我还能快乐吗？我已经老了，孩子们都已经成家了，不再有人需要我了。"事实上，此时的她已经患上了严重的孤独症，而且不知道应该怎样医治。一晃几年过去了，她的情况一点也没有好转。

后来，她终于决定搬去和女儿一家一起住。但是，她仍然无法走出那段悲痛的经历，和女儿冲突不断，直至翻脸。无奈之下，她只好搬到儿子家住，但也是争吵不断。后来，她独自一人生活，但情况似乎更严重了。

有一天，她对我哭诉，全世界都抛弃她了，就连孩子们也厌恶她了。她真的再也没有产生过快乐的感觉，因为她一直认为全世界都亏欠她。这个既自私又可怜的老妇人虽然已经61岁了，心智却和小孩子差不多。

深受孤独之苦的人都不知道，友爱永远不会从天而降。无论是谁，要想得到他人的欢迎和喜爱，就必须付出很多努力，甚至是代价。不管遇到任何事情，遭遇任何苦难，都不能成为你不快乐、不幸福的理由。幸福和快乐是要自己去争取的，它们从来不会主动送上门。

我还听说过这样一个故事：

一艘邮轮正徜徉在地中海碧蓝的水面上，上面有很多正在度假的夫妻，单身的男性或女性也不在少数。他们听着动听的音乐，欢快地翩翩起舞。其中，一位60多岁的单身女性尤为引人注目，因为她显得那么快乐、和善。但事实上，她和我的那位朋友一样，也遭受了丧夫之痛，但现在，她已经重新找回了快乐。

她的丈夫曾是她生命的全部，是她活下去最大的理由。丈夫去世后，她一度感到绝望，幸好她喜欢画水彩画，于是把画画当成了精神寄托。

在很长一段时间里，她几乎与外界绝缘了，甚至连一个吐露心声的对象都没有。她不断地问自己：怎样才能成为受欢迎的人，怎样才能让别人接纳她。

后来，她找到了答案。为此，她主动地奉献了自己的一切，而不是被动地等着别人施舍的同情。从那时起，她开始忙碌而开心地生活。她专心地画画，脸上始终带着微笑。她经常拜访亲朋好友，给每个人都带去欢乐的同时，却绝不久留。很快，她成了大家欢迎的人，经常有人邀请她吃晚餐，或参加各种聚会。她还在社区的会所里举办了个人画展，深受好评。

自从参加了这次“地中海之旅”，友善、和蔼、快乐的她给很多人留下了深刻的印象，很多人成为了她的好朋友。她所到之处，留给人们的都是快乐和欢笑。这就是人们对她最好的评价和最大的赞赏。

同样的遭遇，却有着不同的境遇，这两位命运截然不同的老妇人共同说明了这样一个道理：幸福对于每个人都是公平的，只有你内心深处真正地、深切地渴望得到幸福，并为之付出百分之百的努力，幸福之神才会降临。

好几年前，我认识了两个女孩，她们在纽约东区合租了一间公寓。两个女孩都长得很漂亮，都有一份光鲜亮丽的工作，并且希望通过自己的努力能在这个大都市闯出一片天地。其中一个女孩，在我看来，正在做聪明人应该做的一些事。她认为大都市的单身女孩必须认真地规划自己的生活，并制定合理的奋斗目标。她经常去一家教堂，踊跃地参加各种各样的集体活动。她还加入了一个研讨会，并报名参加了一门改善自己个性的课程。她的薪水，大部分花在了人际交往和各种各样的生活内容方面。

她的休闲生活快乐而有节制，她洁身自好，从不与任何男人暧昧不清。

刚到纽约时，她和所有的女孩一样感到寂寞、孤独，但她是聪明人，及早地制定了自己的目标并坚持不懈地努力。后来，我和她成为了好朋友，我经常去看望她。她的丈夫是一位极具聪明才智的年轻律师，结婚后生活得很幸福。她终于达成了自己的目标——她得到了幸福快乐的人生。

另一个女孩最初也觉得寂寞难耐，却不知道自己该怎么办。后来，她频繁地出入一些游乐场或酒吧，最后成为了一个俱乐部——帮助酗酒者戒酒的俱乐部的成员。

包括上帝，没有人来赐予你幸福，如果你真的渴望幸福，唯一的途径就是用你的真诚、友善之心去赢取他人的欢迎和喜爱。一个被大多数人欢迎和喜爱的人，才能拥抱真正的快乐。

扫除内心的恐惧

▶ 我们必须承认，社交的恐惧心理是正常的。哪怕是高明的演讲者，在演讲时，也免不了心生怯意。但不同的是，他们能够很快让自己镇静下来。那么，他们有什么特别的方法吗？

许多人过着孤独的生活，并不是因为他们本性孤僻，而是因为他们存在着恐惧和自卑的心理。但我认为这一切都是可以改变的。事实上，我一直在做这样的事情。

在《我与马依得荷林的生活》这本书中，古欧吉特·勃布朗为我们描写了一个比利时普通女孩的巨大变化。书中这样写道：

饭店里绰号叫作“洗盘子的玛希”的女孩给我送饭来了。因为最开始的时候她的工作就是洗盘子，因为她长得丑：斜眼、八字脚、看起来很笨的样子。

有一次，她给我送的是通心粉，我对她说：“玛希，你没看到自己内在的光华。”

她早已经习惯了各种不敬的言语，好像面临着危险的样子，站在那儿发呆，后来才想起来把装通心粉的盘子放在桌上，然后纯真地叹了口气说：“我永远都不相信我有这东西。”她没追问我是谁，只是不停地重复着刚才我说的话离开了。她认为我不是在跟她开玩笑。但不久之后，人们一点点看到她的变化，她也渐渐被人们尊重了。因为她确实相信，自己心里是有些内在的光华的，于是她开始注意自己的形象，终于显示出少女应有的光华。

事情过去了才两个月，玛希就宣布自己要嫁给大厨师的侄子了。她说：“我要成为一名淑女。”她还跑来感谢我。就因为我给了她一个鼓励，她的命运就这样改变了。

“洗盘子的玛希”只是得到了一顶美丽的帽子，她光辉灿烂的人生就由此开始了。

鲍丁火车厂的董事长撒慕尔·华克莱说：“要是你对某个人表示尊重，那么你就很容易引导他，尤其是当你对他的某种能力表示钦佩时。”换句话说，要是你想改变某个人的某个方面，首先要对他这方面的素质表示认同。正如莎士比亚所说：“要是你缺少某种品行，那你就装作自己有就行了。”更令人称奇的是，跟对方说他有你所期待他有的那种品行，给他“一顶好帽子”，他就会努力向着你所希望的方向努力。

这个方法被我运用到了实际的工作中，结果我帮助许多人清除了心理障碍，让我们重新融入了团体当中。

在我的培训班开课之前，我曾进行了一项调查：让每个人说出来上课的原因和希望从口才训练课中得到的收获。结果显示，大多数人的愿望和需要竟然惊人的一致，他们的回答是：“每当我站起来讲话时，我就觉得浑身不自在，心怦怦乱跳，我的头脑变得模糊起来，无法集中精神思考问题，甚至不知道自己在说什么。所以，我想变得自信，能在任何人面前侃侃而谈，能说服任何我想说服的人。”

经过我的耐心指导，我的很多学员都迈出了恐惧交流的怪圈。一个公司的董事长顾立区说，是我的培训班让他不再感到恐惧，使他能够在3000人面前慷慨陈词，并使他成为了“世界上最快乐的人”。而卡耐基培训班的目的，正是让说话成为一种快乐。

有一天，顾立区先生走进我的办公室，对我说：“不管在什么场合，我说话时总是感到恐惧。但作为董事长，我知道当众说话是不可避免的事。就算在相识多年的董事面前，我也会紧张得声音发抖，手心冒汗，一个字都说不出来。这种情形已经持续了很多年，我简直是病入膏肓了。卡耐基先生，你真的能帮我改掉这恼人的毛病吗？”

“既然不相信我，那你为什么还来找我呢？”

“因为我亲眼看见了一个害羞的家伙的惊人变化。他是我公司里的一个会计师，生性害羞。他走进自己的办公室前，必须要穿过我的办公室，而此时他总是盯着地板，生怕踩死一只蚂蚁似的悄悄地走进自己的办公室，更不用说主动和我打招呼了。但最近，我发现他像变了一个人一样，从我面前经过时总是昂首挺胸的，而且还大胆地主动和我打招呼。天啊，到底发生了什么事？我问他是谁让他改变了，他告诉我是卡耐基先生你。这就是我来找你的原因。”

“如果你也想有所改变，那么请你按时来上课。”

“假如我真的能在当众讲话时不再恐惧，那么我就成了世界上最快乐的人了。”

顾立区先生说到做到，果然来上课了。三个月后，我邀请他参加一场3000人的聚会，并在来者面前谈谈参加卡耐基培训班的内心感受。为了告诉人们卡耐基训练班的好处，他推掉了早已定好的约会。在聚会上，他侃侃而谈，足足讲了10多分钟，远远超过了我原先设定的两分钟。他的演说深深地打动了在场的所有人，简直和当初那个胆小怯懦的人是天壤之别了。

正是参加了这个培训班，顾立区的生活发生了翻天覆地的变化。说话对他而言不再是一项酷刑，而是一件令人愉悦的事。

还有一名卡耐基培训班的毕业生也说：“开始说话时，我有一种宁死也不愿开口的感觉，但是真正体会到说话的快感时，就算是被人用枪指着脑袋，我也不愿停下来。”

即使是职业演说家，也很难完全克服登台时的恐惧心理。他们在开始演讲时，也免不了心生怯意，并且这种怯意往往会在最初的几句话里就表现出来。但不同的是，他们尽力克制了内心的恐惧，强迫自己保持镇定。我最初其实也是这样的。

钢铁大王安德鲁·卡内基也常常对人说：“虽然我生性胆小害羞，但我仍然凭借自己的努力变成了一个说话高手，因为我相信自己一定能做到。”

我希望你有机会去我家，我将为你展示我收到的来自世界各地的感谢信。写信的人有的是企业界的领袖，有的是州长、国会议员、大学校长和娱乐圈的明星，更多的则是企业中的主管人员、工人、工会成员、大学生、家庭主妇、牧师等，他们都是一些默默无闻的普通人。

他们的共同点是：都觉得自己需要表达自己的观点、与人沟通，以让别人了解和接纳自己，但是却缺乏足够的勇气、足够的自信心——也就是说，他们一开始都不善言辞。正是因为取得了一定的成绩并实现了自己的目标，所以他们才心怀感激，特意给我写信表示感谢。

因此，当你需要鼓起勇气在酒会上讲话或跟你的客户谈判的时候——实际上，在一切需要你展现口才的时候——你都可以借别人的经验来激励自己。在你感到胆怯的时候，问一问自己：“既然他们都取得了成功，我为什么不能呢？”

下面是借鉴别人的经验以建立自信的具体方法：

（1）要想克服当众说话那种灭顶之灾的恐惧感，最好的办法就是首先获取成功的经验，并以此不断地激励自己。

（2）你可以选择一个让你印象深刻，或者跟你一开始的情形差不多，但是后来却成功了的人的故事来鼓起你的勇气。你应该想到，每个人都是从胆怯开始的。当你感到恐惧时，想一想别人已经成功应对过这种恐惧了。

（3）了解别人克服恐惧的方法，如心理暗示法、肌肉训练法、深呼吸法等，有意识地加以训练。或者干脆把自己想象成别人，把自己的恐惧想象成只是别人的一段经历——而他最后成功了！

培养自己的信心

▶ 一定要自信，这是你做任何一件事情都必须要有的正确心态。无论你是攀登珠穆朗玛峰，还是和别人说话，自信都是你成功的基本前提。所以，在你开始说话前，先要树立你的自信心。

在我的班上，有很多学员在学习完了之后坐在一起谈自己的心得。有相当多的人都认为他们所学到的最重要的东西就对自己的信心。也就是说，对自己成功多了一份信心。在某种程度上，没有什么比自信更加能够将一个人引向成功。

《贝德克旅行指南》上说，业余登山员应该有一个向导带路，因为攀登阿尔卑斯山很困难。但是几年前，我和我的朋友来到了阿尔卑斯山的维尔德·凯塞山面前，想要征服这座传说中很危险的山。首先我要说的我们俩都不是专业登山员，但是我们并没有请教向导。而且，我们取得了成功。

在我们登山之前，曾有一位朋友问我们是不是能够成功，我口气坚决地告诉他："一定能！"

"为什么这么肯定呢？"那位朋友继续问道。

我说："也有人像我们一样没有向导而取得了成功。而且，我做任何事情都不会想到失败的。"

那么，应当如何具体操作，来培养自信心呢？你可以按照下面的训练方法，有针对性地来提高你的自信心。

第一，做好充分准备，树立成功的信心。美国最著名的心理学家威廉·詹姆斯说过："行动好像是紧随于感觉之后产生的，但事实上它是与感觉并行的。行动受意念的直接控制，通过意念来控制行动，我们也可以间接地控制感觉，但感觉却不受意念的直接控制。因此，假如我们失去了原有的自然的快乐，那么，让你自己变得快乐的最佳方法，就是快快乐乐地坐下来，让自己表现得本来就很快乐一样。如果这种方法还不能让你觉得快乐，那就没有别的办法了。所以，让自己感觉自己很勇敢，而且表现得好像真的很勇敢，并竭力运用你所有的意念去达到这个目标，那么勇气就很可能取代恐惧。"

一个人达到成功说服的目的，跟说话之前所做的准备有很大关系。林肯说："即使是再有实力的人，如果没有精心的准备，也无法说出有系统、高水平的话来。"所以，你需要在说话之前广泛地搜集素材，并对你的主题进行深入细致的思考。当你确认自己准备充分之后，不妨设想自己正在以完全的控制力对他人说话。这是你很容易就能做到的。只有相信自己能够成功，并且坚定不移地相信自己，你才会成功。

请记住威廉·詹姆斯的忠告：为了培养信心和勇气，当你面对观众的时候，不妨表现得好像真的具有那种信心和勇气一样。（当然，前提是你必须做好充分的准备，否则再怎么表现也不能奏效。）

树立自信的第一种方法就是，如果你对自己所要讲的内容已经了然于胸，就应该轻松地大步走上台，然后做一次深呼吸。深呼吸30秒，可以给你提神，给你信心和勇气。著名男高音歌唱家简·德·雷斯基常说："你如果气充于胸，那么紧张感自然就会消失。"

还有一个方法，就是身体站直，看着听众的眼睛，然后信心十足地演讲，就好像每个人都欠了你的钱，他们在下面只不过是请求你宽限还债的时间。这种心理作用，将会对你稳定情绪大有帮助。

如果你怀疑这种理论，可以和我班上任何一个同意这种观点的学员交谈，很快你就会消除疑虑。如果你没有机会和他们交谈，就听听一个伟大的美国人所说的话吧——他常常被视为勇气的象征，但他也曾经非常胆小，后来通过这种训练之后，才变成了最勇敢的人。这个人便是反托拉斯斗士、常常左右听众、挥舞着巨杖的美国总统西奥多·罗斯福。

他在自传里说："小时候，我总是病怏怏的，而且很笨拙。年轻时，我既紧张又没有自信，因此不得不艰难而辛苦地训练自己，不只对身体，而且对灵魂和精神进行各种训练。"在谈到自己蜕变的经过时，罗斯福又说："孩提时代，我在马利埃特的一本书里读到一段话，给我的印象极深刻，总是萦绕在心。"

如果能克服当众讲话的恐惧，对我们做任何其他事情都会产生极大的、潜移默化的影响。那些敢于接受这项挑战的人，将发现自己正渐臻完美，逐渐战胜当众讲话的恐惧，使自己脱胎换骨，进入更丰富、更美满的人生。

我班上的一位推销员学员曾这样说道："在班上站起来几次之后，我觉得可以应付任何人了。一天早上，我找到了一个平时特别凶悍的买主，当他还没来得及说'不'时，我就已经把样品摊在他的桌上了。结果呢，他给了我一份最大的订单！"

一位家庭主妇也告诉我："原来我总是不敢请邻居来我家里，我怕我们之间不能融洽地谈话说笑。但是经过几次上课并站起来讲话之后，我决定开一次家庭宴会。那次宴会非常成功，我往来于宾客之间，尽情地和他们谈笑。"

在另一个毕业班的晚会上，一名店员这样说："最初，我很害怕和顾客说话，每次总是胆战心惊的。在班上演讲几次之后，我觉得有自信了，和顾客说话也从容不迫了。我开始敢理直气壮地说出不同的意见。我上演讲课之后的第一个月，销售业绩就提高了将近一半。"

通过这种有效的训练，这些学员觉察到自己已经能够很容易地克服恐惧或焦虑；从前他们可能会失败的事，现在却成功了。他们从当众讲话中获得了自信心，并让自己满怀信心地面对每一天的献礼。

你同样也可以获得这种胜利感，迎接生活的挑战。如果你能做到这一点，那些曾令你感到恐惧的问题，也就可以变成你生活中增添情趣的愉快挑战了。

第二，针对自身不足进行纠正性训练。如果的确存在一些不足，你可以进行针对性的训练，克服这些困难和不足，从而树立自信。

名列古希腊“十大演说家”之首的德摩斯梯尼从小就有口吃的毛病，而且他在说话的时候总是一个肩膀高一个肩膀低，还不停地抖动。在那样一个崇尚口才的时代，这样的人理所当然地会受到歧视。他十分苦恼，并且有很深的自卑感。不过，他并没有被自卑打倒，而是以超常的毅力和吃苦的精神进行刻苦的训练。每天清晨他都站在海边，口里含着石子进行练习。针对爱抖动的毛病，他对着镜子进行练习，并在两个肩膀上挂两把剑，这样就不会抖动了。经过刻苦的训练，正如我们现在所知道的，他成为了一个十分出色、受人尊敬的演说家。

第三，自我暗示，相信自己能成功。有位英国青年律师要和一群知名的律师在法庭上辩论，他做了充足的准备，但是仍然感到不放心。担心自己会把辩论搞砸。于是，他去请教法拉第先生，他问法拉第：“我的对手比我知道的多得多，我必败无疑。”

法拉第先生简单明白地告诉他说：“如果你想成功，告诉自己，他们一无所知！”

很多人都会面临与这位青年人一样的问题，他们真正的困难不在上面所提到的两点。因为我们绝大数人并不会像德摩斯梯尼那么不幸，没有口吃的毛病，也没有其他方面的不足。

心理学上说，自卑或者羞怯感总是会不同程度地在我们身上存在着。美国的一个调查表明：在宴会上与陌生人接触时，大约有3/4的人会感到局促不安；同样，由于羞涩或者自卑感造成的演讲或其他说话失败的例子更是屡见不鲜。可以看出，一个人没有自信，并不是因为他自己真的天生不如人，而是他自以为如此。因此，只有完全克服这种感觉，你才能正常甚至超常发挥。

你所有的准备，都是为了说话的那几分钟。不管你准备得如何，在一般情况下，说话的时候都可能会有不自信的感觉袭来。之所以会这样，可能是你担心自己还没有完全准备好——实际上你已经准备得相当充分了，但是你认为自己可能疏漏了什么，也有可能是因为你担心听众比你的水平高，而你所讲的东西对他们来说过于简单；或者你担心可能会出现什么突发事件，比如在你的说话过程中有人打断你等等。这些想法最致命的危害就是给你消极的自我暗示，你必须想办法把它们从你的心里赶出去。

要想在当众说话中获得成功，有必要给自己某些积极的暗示。试试下面的方法，这是经过多年来的摸索得出来的：

（1）确信题目有价值。演讲的题目选定之后，要根据情况进行汇集整理，并和朋友探讨。但这样的准备还不是很充分，还要让自己确信这个题材是有价值的，因此你必须具备坚定的态度，以此来激励自己，坚信自己。

怎样才能让自己确信这一点呢？这就要详细研究演讲的题材，抓住其中更深层的意义，暗示自己，你的演讲将有助于听众，他们听过之后会成为更优秀的人。

（2）不要想令你分心的事情。举例来说，假如你想象自己可能会犯语法错误，或中间突然讲不下去等，这些消极想法很可能会使你在开始之前便失去信心。

说话之前，尤其重要的是要将注意力从自己身上移开。要集中精神，听别的说话者在说什么，把你的注意力放在他们身上，这样就不会给你造成过度的登台恐惧了。

（3）进行适当的自我激励。任何一位演讲者都有可能对自己的演讲题材产生怀疑。例如，他会问自己适不适合这个题目，听众会不会感兴趣等，因此很可能在一念之间就更改题目。这时，消极的思想极有可能彻底毁灭你的自信，所以，你应该先给自己打气，用浅显的话鼓励自己：

这次演讲很适合我，因为它来自我的经验，来自我对生命的看法；我将比任何一个听众都更适合来做这番特殊的演讲；我会全力以赴，把这个题目说得清清楚楚。

这种古老的方法真的管用吗？当然。现代实验心理学家们都同意，这种由自我暗示而产生的动机，即使是假装出来的，也会成为人们快速学习的最有力的动力。既然如此，那么根据事实所做的真诚的自我激励，效果自然也就更好了。

有自信就有魅力

> ▶ 自信是一种强大的力量。如果一个人拥有自信，那么任何困难的事对这个人来说都会变成一件小事。如果没有自信，那么他就找不到能够支撑自己信念的力量，即使是再小的事，对他来说也会变成无法完成的任务。

我的朋友都40岁了还是单身，好在最近他终于订婚了。未婚妻要他去学跳舞，他跟我发牢骚说："我的上帝！我可不想学跳舞，自打20年前我开始跳舞后，我一直都是这么跳的。可之前给我上课的舞蹈老师说，我跳舞的方法根本不对，必须把我20多年的习惯扔掉，再重新学。这让我很沮丧，一点学跳舞的兴趣都没有了，干脆不去学了。

"第二个教我的老师却不是这样说的，我很容易就接受了。这个老师说，我跳得有点过时，不过基础还不错，只要我再学一点新东西就很完美了。我第一位老师，总是说我不好的地方，这让我沮丧。而第二个老师，则经常夸我好的地方，把我不好的地方看得很淡。比方说，她会称赞我韵律感好，天生是块跳舞的料。其实我心里清楚得很，我不可能是位真正优秀的舞者，但我还是喜欢跟第二位老师学跳舞。虽然她这样说可能是因为钱的缘故，但我不在乎。因为我觉得，就是因为她说我天生有韵律感，才有我现在的进步，这都是她鼓励的作用，是她让我有信心解决自己的问题。"

要是你对自己的孩子、爱人、下属说他们在某方面缺少天赋，那你就犯了致命的错误，这样会令他们丧失学习的积极性。反之，要是你大度一点，给他们以充分的鼓励，让他们相信他们能干好，自己还有很大的潜力，他们就会不断努力，不停地进步。

人际关系专家罗维尔·托马斯就用了这个方法给人以信心和勇气。一次，我跟托马斯夫妇共度周末，他们请我玩桥牌。可是我却真的一点也不懂得怎么玩，我看桥牌简直就是一个谜，所以我很坦白地对他们说我一点都不懂桥牌。戴维斯却说："不会这样的。戴尔，桥牌很简单的，只要你记住并做出判断就行了。真的，戴尔，这对你来说太容易了，你连写记忆文章的经历都有，这点绝对难不倒你。"

不知不觉，我就坐到了牌桌前。是托马斯让我鼓起了信心，让我觉得桥牌确实很容易。

说到桥牌，我又想起了艾利·库柏森。他曾写过有关桥牌的书，被译成十几种语言在世界各地出版发行，销量达数百万册以上。但他告诉我，他今天的成就都来自一位年轻女士的鼓励，否则自己的人生肯定又是另外一个样子。

1922年他刚来美国的时候，想找一份教哲学和社会学的工作，却没机会，后来就卖煤，又卖咖啡，但都失败了。在做这些工作之余他也玩桥牌，但他从没想过把这当作终身职业。当时他玩牌的技术还很差，而且又比较固执，玩一圈就提出问题，还不停地跟人讨论，因此大家都不愿意跟他玩。

后来，他认识了美丽的桥牌老师约瑟芬·迪伦。他们相爱了，结婚了。约瑟芬发现，自己的丈夫总喜欢用心研究自己的牌，就对他说，你在桥牌方面有很大的天赋和潜力。就是这样的鼓励，让他决定把桥牌当作自己的职业。

俄亥俄州辛辛那提卡耐基班上的导师琼斯，为我们讲了这样一个故事，他就是用这个道理改变了自己的儿子。

"我儿子大卫15岁了，自从他来到辛辛那提后，一直跟我生活在一起。他过去的经历很坎坷。12年前的一次车祸，使他的头部受伤，现在额头上还留有一道难看的疤。我和他妈妈离婚了，他跟着妈妈到德州的达拉斯生活。来我这之前，他是达拉斯特别班里的学生，学习有些迟钝。学校认为他的大脑受过伤害，造成了学习上的障碍，所以让他留级了两次，因此到现在为止，他还是七年级的学生，他不会背诵乘法口诀，数数的时候用手指，而且朗诵的时候也不流畅。

“好在他也不是一无是处，他喜欢研究收音机和电视机，梦想成为一名电视机技师。我非常支持他这唯一的爱好，我对他说，要想实现梦想，就需要先学好数学。于是我就帮他补习数学，给他买了包括加减乘除的四组彩色卡片，我跟他一起看卡片，让他把正确的答案放在空白栏里。要是他弄错了，我会说他是对的，然后再放到正确的位置。花费了好大的时间和精力，他终于都放对了。此后每晚我都让他再完整地放一次，并为他计时。我告诉他，要是他只用8分钟时间就能把所有的卡片放到正确的位置，那就不用每天都做了。当时这对他来说根本是不可能的事。第一次他用了52分钟，第二次用了48分钟，后来，45分钟，40分钟，41分钟……

“他每有进步，我们就庆贺一番。后来他已经用不了40分钟了，我把他的妈妈叫回来，我们抱着儿子跳起吉格舞来。之后奇迹出现了，到月底，他已经能在8分钟之内正确地放完所有的卡片。我不断地鼓励他再进步，他终于发现，学习不再是一件困难的事了，取而代之的是对学习的乐趣。

“他的数学成绩因此不断地进步。没多久，他就拿回一张成绩为B的数学成绩单，这对以前的他来说简直是个童话，可现在竟然实现了！与此同时，在其他方面，他也有了惊人的进步，阅读能力提高了，还表现出绘画的天赋。期末的时候，他在科学老师的建议下筹备参加一个展览比赛，他利用杠杆的原理，设计并制造了一个高难度的模型，充分展示了他的绘画和动手技巧，而且显示了自己在数学、物理上的才能。这次科学展览比赛，他获得了第一名。他接着参加了辛辛那提市科学展览的比赛，又获得了全市第三名。”

正是鼓励让大卫做到了这一切。这个曾经留级两年的学生、被学校认为大脑有问题的学生、同学口中的“现代原始人”，当他发现学习并不是一件困难的事时，奇迹一个个出现了。从那时一直到高中毕业，他都高居荣誉榜。在高中期间，他还被全国荣誉协会选中。

当大卫发现学习不是一件困难的事时，他的整个人生都为此改变了。

找出让你感到不自信的根本，并竭尽全力解决它们。自信具有化卑微为高尚、化丑陋为美丽，化软弱为强壮的神奇魔力，时刻在心理默念：“我是最棒的！”你很快就会发现，你的生活正在或者将要变得更加美好。大多数成功的人都曾经历过自卑的阶段，自信能成为他们成功的原因，必然也能成为你成功的原因，但前提是你想要成功。

第七章 塑造良好社交形象

站到最平凡的位置

▶ 我们之所以无法成为真正的伟大，最根本的原因就在于我们无法透过狭隘的自我，看到“更高的”自我；只是满足于一己之私或眼前的利益，却看不到长远的、人类共同的利益。

在现代西方文化中，人们似乎已经淡忘了谦逊的价值。世俗的观点认为，谦逊在形形色色的现实问题面前显得心有余而力不足，对我们的生活没有什么帮助。人们错误地把骄傲和无所畏惧当成了人类最大、最应该具有的美德，却将真正伟大的美德——谦逊当成了软弱可欺。或许在他们看来，谦逊就等同于自卑或懦弱，但事实上，谦逊的真正含义并非如此。

真正的谦逊正好完全相反。真正的伟人都是十分谦逊的，因为只有谦逊的人才配得上伟人这个称号。人类历史上所出现的最受人尊敬的那些伟人都承认，他们身上的伟大光辉，并非来源于他们本身，而是他们身上的另一种更强大的力量作用于他们身上而产生的结果。真正谦逊的人，正是那些甘愿隐藏自己的光芒、将自己置于平凡位置上的人。

世界上最伟大的自然科学家伊萨克·牛顿在垂暮之年曾发出了这样的感慨：“如果把未知的真理比作无边无际的汪洋大海，那么我简直就渺小得像是一个在沙滩上玩耍的小孩。”无独有偶，另一位伟大的自然科学家爱因斯坦也谦虚地把自己比作懵懂无知的孩子，因而著称于世。还有沃尔特·拉塞尔博士，这位在多个领域取得了举世瞩目成就的科学家也提出了自己的观点："只有当你真正地忘却了自我后，才能真正地发现自我。久而久之，个人的狭隘的自我，最终会被宇宙的自我所替代，直至消失。"

让我们变得伟大的唯一办法，就是时时刻刻做到谦逊。只有当我们在谦虚的道路上越走越远的时候，我们才能真正明白谦逊的深刻内涵。谦逊地承认我们未知的事情，在我看来并不是一件丢脸的事情。如果一位医生能谦逊地承认自己并非知晓所有的疾病、症状和治疗方法，那我们为什么不能承认我们并非上知天文下知地理呢？连聪明的苏格拉底都敢大胆地承认自己只是个傻瓜，我们还有什么好顾忌的呢？

谦逊的人秉承的是低调做人的态度。事实证明，只有放低自己，才能做得更好。

新泽西州的亚伯特讲述了自己在圣地亚哥一艘驱逐舰上担任机长时，对人生新的认识和感受的经历。

"或许是海军的一贯传统，他们竟然把我这个愚笨的会计师调去负责舰上那些锅炉室、轮机室和其他所有机械及设备的工作。

"要知道，我一辈子也没去过轮机室几次，上舰前的一个月我一直是提心吊胆的，上舰后几个星期的时间里我也依然不适应。后来证明，我这些担忧简直就是多余的，机械设备一切运转正常，世上没有克服不了的困难。

"我们在舰上干了大概一个月的活儿后，获得了三天的周末休假。在向手下的人宣布这个好消息时，我告诉他们，能获得这个特别假期完全是由于他们在过去一个月里的优良表现。所有人都尽职尽责，我们的轮机部门变得无比坚强，这是我们共同努力的结果。

"当时讲这话时，我并没有想过其中蕴含着什么含义，几天后，我才顿悟到，这其实正是一个事实啊！大家表现优异，各尽其责，并且做好了我一度没有把握的事。

"我原本认为是自己一人承担了全部责任呢！现在却明白，我们完全没有必要去担心整艘舰船会因为我们而被炸毁，更不用担心我们或许不能按时完成任务。我知道我们并不是孤立无援的，我们身边总是有很多好心人，在我们需要帮助的时候给我们伸来援助之手，一如我们帮助他人一样。”

是啊，这个世界上到处都有好人。当然，在人生中我们也不免会遇到骗子、恶棍、盗贼、流氓等。可是我们要知道，当然只有一个人相当成熟后他才会顿悟到，偶尔遇到一两个坏人并不表明全世界都是坏人，正如有燕子飞来并不表明春天已经来临一样。

他人的行为和态度时常会对我们造成影响，这使得我们变得愤世嫉俗，武断地认为“这世上就是没有好人”。

几年前，我来纽约开展一项新事业，就曾有过一次痛苦的并为之付出昂贵代价的经历：数百万美元被我赔光了。很长一段时间我都气愤难耐，当然对此我也无可奈何。于是，我就开始相信一些肮脏的商业伦理故事，开始相信自己是中了奸商的计，白白地成了商业欺诈行为的牺牲品。

直到后来，我才慢慢想通了，要是当时我稍微有点头脑的话，就不会出现那样的结局了。这一切只是我个人的愚蠢造成的，要怪也只能怪自己，跟别人没有什么干系。

当然，相信我们是因他人的恶行而受害，要比承认失败是由于自己愚蠢造成的相对容易得多。“我是个傻瓜”被世人认为是最难说出口的一句话。可是，如果我们想成熟，想摆脱感情上的婴儿期，那么我们一定要勇敢地说出这句话来。

记住，谦逊永远不会贬低你的人格，把你变成不可知论者，反而会突显你的诚实和谦虚，让更多人喜欢和你交往。

保持自己的本色

> ▶ 一定要活出自我，无论怎样，都不要变成别人。我们求职失败最主要的原因就是不能保持本色，不能以自己的本来面目示人，老是回答一些自以为对方想要的答案，这恰好说明他们并不坦诚。

“对于这个世界来说，你是全新的，以前从没有过，从天地诞生那一刻一直到现在都没有一个人跟你完全一样，以后也不会有，永远也不可能再出现一个跟你完完全全一样的人。根据遗传学原理，你之所以成为你，是你父亲的23对染色体和你母亲的23对染色体相互作用的结果，这46对染色体加在一起决定了你的遗传基因。”据阿伦·舒恩费教授说，“每一条染色体里可能有几十个到几百个遗传因子。在一定的条件下，每个遗传因子都能改变人生。”你看，我们就是这样“既可怕又奇妙”地诞生的。

即使你的父亲和你的母亲注定要相遇并结婚生子，但生下你的机会也只是三十亿分之一。也就是说，如果你有三十亿个兄弟姐妹，你可能与他们完全不同。这不是科幻片，这是科学事实。

要是你想就这个问题更多一些了解，我推荐你看一本书，阿伦·舒恩费的《遗传与你》。在这里，我只想与你探讨一下有关保持本色这个问题，因为我对此深有感触。对于这个话题，我曾付出了惨重的代价，有过一段痛心的经历。

年轻时，我从密苏里州老家走出来，到纽约这样的大城市，成为美国戏剧学院的一名学生。我当时的想法是成为一名演员，而且我认为这是一条成功的捷径。我想得很简单，而且觉得自己的计划很完美，我很奇怪为什么成千上万富有野心的人发现不了这一点。

我是这样想的，我先去学当时名演员的演技，将他们所有人的优点都学会，这样我就成了一个集所有人的优点于一身的全能演员。这是多么愚蠢、多么荒谬的想法，我居然为这个理想浪费了那么长时间。最后我才明白，我不可能成为任何人，保持本色才是我最大的成就。

经历本该让我成长，但事实绝非如此。我仍没有吸取教训，以至于不得不再接受一次教训。几年后，我打算写一本书，我希望这本书成为公开演说中最好的一本书。

在创作的过程中，我又犯了与演戏时一样的错误，竟计划将所有作者的观点都搬过来，全部放进一本书里，让我的书成为一部包罗万象的百科全书。为此，我买了十几本公开演讲的书，用了一年时间提炼所有的概念。到最后我才发现，自己又干了一件蠢事，这本拼凑观念形成的书很做作，既无聊又沉闷，没有可读性。不用说，我把一年的心血全部丢进了垃圾篓，一切都要重新开始。这次经历后，我对自己说："你一定要活出自我，无论怎样，都不要变成别人。"

在儿童教育领域曾经写过13本书和数以千计文章的安古罗·派屈则认为："世上最痛苦的事，莫过于想做其他人，或者除自己以外其他的东西了。"

好莱坞尤其流行做和自己迥然不同的人。好莱坞最著名的导演之一山姆·伍德说，他最头疼的事情就是启发一些年轻演员，让他们保持自己的本色。每个人都愿意做二流的拉娜透纳、二流的克拉克·盖博，而这是最让观众们无法忍受的套路。为此，他不得不整天提醒他们："你们需要更新的东西。"

在导演《万世师表》和《战地钟声》之前，山姆·伍德曾在房地产打拼多年，由此知道很多推销技巧。在他看来，同样的道理在其他生意或电影事业中同样适用。要是你亦步亦趋、人云亦云，反而有画虎不成反类犬的坏效果。他说：“我的经验是，最好的方法就是丢开那些装腔作势的家伙。”

我曾问素凡石油公司人事部主任保罗先生：“你觉得求职者最常犯的最大错误是什么？”保罗先生曾与六万多个求职者面谈过，出版过《求职的六种方法》一书，他回答道：“那就是不能保持本色，不能以自己的本来面目示人。他们对待招聘者并不坦诚，老是回答一些自以为对方想要的答案。”这种做法当然没有一点儿好处，谁也不喜欢聘用一个伪君子，就像谁也不想收假钞一样。

一个女孩子历尽艰辛才明白了这个道理。她的理想是成为一名歌唱家，但是她长得不够漂亮：脸长、嘴大、牙齿暴露。她第一次公开演唱是在新泽西州的一家夜总会，其间她一直试图拉下上嘴唇盖住暴露的牙齿，希望显得漂亮些，效果刚好相反，结果她出尽了洋相。

她认为自己的歌唱生涯就这样终止了，不过当时在夜总会听过她唱歌的一个人发现了她，认为她很有天分，对她说：“我一直在欣赏你的表演，知道你想掩盖自己的缺点，你是不是觉得暴露着牙很难看？”她点了点头。他继续说：“龅牙其实一点儿也不难看，没什么值得羞耻的。大胆地张开你的嘴，要是你不这么在乎的话，观众可能也会喜欢的，也许那些你想掩饰的东西反而可以给你带来好运。”

女孩接受了他的忠告，不再刻意掩饰自己的牙齿，演唱时只想着观众。她张开嘴巴尽情地欢唱，最终成为了一位明星。许多演员到现在还在刻意地模仿她呢！

著名心理学家威廉·詹姆斯认为，大多数人只活在自己体内有限空间的一小部分里。我们有很多能力，但不懂得怎样利用。

爱默生的短文《自我信赖》中有这样一段话：

“一个人总有一天会懂得一个道理，嫉妒是最愚蠢的行为，而模仿他人的人就像是在自杀。因为不管好坏，能帮我们的只有自己，只有耕种自己的土地，才能收获累累硕果。上帝赐予了我们每个人与众不同的天赋，只有在你尽可能地发挥或运用时，你才能真正知道自己的能力有多强。”

我们都有这样的能力，因此不要浪费一秒钟为自己不是别人而苦恼。否定自我的本色和价值、迷信他人和外在的光辉，而寄希望成为其他的什么人，将使你变得混乱而毫无理性，如此幸福生活自然与你无缘。相反，你能够认同自己的价值，保持个人的本色，你就会变得自信起来，而你的生命也将焕发生机和活力。

时刻不忘表达友善

> 温和的回应最能消除怒气。成功者与普通人最大的区别即在于：前者用情感控制行为，后者则用行为控制情感。强暴粗鲁的方法永远不可能赢得好人缘，只有友善的方法才能征服别人的内心。

“如果你握紧两个拳头来找我，”威尔逊总统说，“对不起，我敢保证我的拳头会握得和你一样紧。但如果你到我这儿来说，‘让我们坐下来商量，看看为什么我们彼此的意见不同’，那么不久我们就会发现，我们的分歧其实并不大，我们的看法同多异少。因此，只要我们有耐心相互沟通，我们就能相互理解。”

最欣赏威尔逊这些至理名言的要数小约翰·洛克菲勒了。1915年，洛克菲勒还是科罗拉多州一个最受人轻视的人。美国工业史中流血最多的罢工潮在科罗拉多州持续动荡了两年的时间，愤怒而粗野的矿工要求科罗拉多煤铁公司增加薪水，而这家公司正归洛克菲勒所有。当时，房产被毁坏，军队也被调动出来，发生了多起流血事件。罢工的工人遭到镇压和枪杀，许多尸体遍体鳞伤。在那样一种充满仇恨的情况下，洛克菲勒却要使罢工者接受他的意见，而且他真的做到了，运用的正是这种方法。

他先是花了数星期的时间和工人交涉，然后又对工人代表发表演说。这篇演说可算得上是一篇杰作，而且产生了惊人的效果：它不仅平息了恐吓者要把洛克菲特吞下去的仇恨，而且使他赢得了许多赞赏者。他用极友善的态度来阐明事实，使罢工工人回去工作，而不再提增加薪资的事。这是那篇著名演说的开始部分，且看它的字里行间所流露出来的友善精神。要知道，听洛克菲勒这次演说的人，几天前还打算将他吊死在酸苹果树上。然而面对这些人，他却再仁慈、再友善不过了。他的演说内容如下：

“今天，是我一生中值得纪念的日子，这是我第一次这样幸运地会见这家伟大公司的劳工代表、职员及监督们。说心里话，我很荣幸能到这里来，而且在我有生之年绝不会忘了这次聚会。如果这次聚会在两个星期前举行，我对你们中大多数人来说一定是一个陌生人，而且我也只认识少数的面孔。上星期我有机会访问南矿区所有的住户，除去外出的代表，我差不多和所有代表谈过话，我见过你们的家人，看到了你们的妻子儿女。我们今天在这里见面，不再是陌生人，而是朋友。也正式在这种互相友善的精神中，我很幸运有这种机会同你们讨论我们共同关心的问题。

“这是由公司职员及工人代表参加的集会。我之所以能来这里，全都是因为你们的厚爱。尽管我既不是公司职员，也不是工人代表，但我仍然觉得与你们关系亲密。因为从某方面说，我代表了股东及董事双方。”

……

假如你生气时，对人家发一顿火，你固然会觉得舒服了，但对方又会怎样呢？他也能分享到你的痛快吗？你那充满火药味的声调、仇视的态度，能使他赞同你吗？小约翰·洛克菲勒的故事不正是一个化仇敌为朋友的最理想的例子吗？假如洛克菲勒采用别的方法，假如他和那些矿工争论，态度强硬地当着他们的面举出毁坏矿场的事实来，假如他用暗示的语气告诉他们，说他们是错的，假如他运用逻辑规则来证明他们是错误的，那么结果会如何？那必然会激起更多的愤怒、更多的仇恨和更多的反抗。

瑞典艾普苏耶的乔治·罗纳写信告诉我，他多年来都在维也纳做律师，他是在二战期间逃到那里的。

当时他一分钱也没有了，急需一份工作。他会好几种外语，因此想在进出口公司找到一份秘书的工作。但是，战争期间很多这样的公司都不需要人手，不过有公司答应，将他的名字存档。可在他所有收到的回信中，还有这样一封："你对我们的生意一窍不通，你还这么蠢笨，我才不要你这样的秘书呢！即使需要，我也不会要一个连瑞典文都写不好的人，因为你给我们的信简直是错字连篇。"

乔治·罗纳看到这封信时气坏了。那人竟然说他不懂瑞典文，说他的字写错了，于是他想回信气气对方。但等冷静下来后，他又想："我怎么知道他说的不对呢？虽然我学过瑞典文，但毕竟不是我的母语，可能我真的犯了很多错。如果真的像他说的那样，要想找一份好工作，我就得好好学习。也许他这样指责我是出于一片好心，虽然他的话很难听，但我还是应该写封信感谢他。"

他撕掉了已经写好的充满谩骂的回信，重新写了一封感谢信："衷心地感谢你不辞辛劳写信给我，虽然你不需要秘书，但还是花时间给我写了回信。我为不懂得贵公司的业务而感到抱歉，我回信是想告诉你，我听别人说你是这个行业的佼佼者。很惭愧，我竟然不知道自己的信中有那么多文法错误。谢谢你的提醒，我一定会更加努力学习瑞典文，改掉以前的错误。"

不久，乔治·罗纳就意外地收到了那人的回信，并得到了一份梦寐以求的工作。通过这件事，他明白了一个道理：温和的回应最能消除怒气。

大约在100年前，林肯就曾对此发表过自己的看法，他是这么说的："一句古老的格言说：'一滴蜂蜜比一加仑胆汁能捕捉到更多的苍蝇。'对人也是这样。如果你要让别人同意你的观点，你就要先让他相信你是他真正的朋友。这就犹如一滴蜂蜜，用一滴蜂蜜赢得了他的心，那么，你就能使他走在理智的大道上。"

如果一个人因为与你不和，并对你怀有恶感而对你心怀不满，那么你用任何办法都不能使他信服于你。责骂的父母、强硬的上司及丈夫，以及唠叨不休的妻子们应该明白：人们不愿改变他们的想法，不能勉强或迫使他们与你我意见一致。但如果我们温柔友善——非常温柔、非常友善，我们就能引导他们和我们走向一致。

现在越来越多的人认识到这一点，更多的商人们也正日渐明白，对罢工者态度友善是很值得的。

当华特汽车公司的2500名工人为增加工资而组织工会举行罢工的时候，公司经理伯莱克没有生气、责罚和恫吓。相反，他还称赞罢工者。他在《克里夫兰报》上登广告，颂扬他们“放下工具的和平情形”。当他看见罢工纠察队的人闲得无聊时，他还给他们买了棒球棍及手套，请他们在空地上打棒球。为了讨好那些喜欢打棒球的人，他甚至为他们租了一间棒球室。

伯莱克经理的友善态度，即刻产生了良好的效果，唤起了罢工者内心的友善精神。于是，罢工者借来扫帚、铁铲、垃圾车，开始清扫工厂的场地。在美国罢工历史中，这种事情从未听到过。那次罢工事件在一星期之内和解结束——没有任何怀恨或厌恶情绪地结束了。

丹尼尔・韦斯特相貌出众，是一位能言善辩而且非常有成就的辩护律师。他善于用友善温和的词句在法庭上表达他那强有力的观点。比如，他会说“这一点应该请陪审团考虑”，“诸位，这也许值得想一想”，“诸位，这几件事实，我相信你们是不会忽略的”，或者“由于你们对人性的了解，很容易看出这些事实的重要”。

没有威逼，也没有高压的手段，他从不将自己的意见强加于人。韦斯特用轻声细语和安详友善的方式为人做辩护，而这正是他闻名遐迩的原因。

当然很多人永远也不会去面对和调节罢工潮，或对陪审团发言，但是你或许会希望房东将你的房租减少。那么，这种友善的方法对你也会有很大的帮助。

我的班上有一位叫史德伯的工程师，曾经一段时间生活很拮据，因此，他希望自己的房租能够降低。但他知道房东是一个非常难缠的人，“虽然如此，我还是想尝试一下。”史德伯在班上的一次演讲中这样说，“于是我就写了一封信给他。通知房东，合约期已满，我会立刻搬出去。但事实上，我当时并不想搬走，如果租金能减少，我愿意继续住下去，但看来这并不可能。其他房客也都尝试过各种方法——包括警告甚至恫吓。大家都对我说，房东很难打交道。但是，我对自己说，我正在学习如何与人相处，所以我要对他试一试，看看是否有效。”

史德伯的房东一接到他的信，就同秘书一起找到了他。史德伯站在门口欢迎房东的到来，充满了善意和热忱。交谈的开始，史德伯并没有谈房租太高，而是强调自己是多么地喜欢他的房子。史德伯称赞房东管理有道，并表示自己很愿再住一年，可是却实在负担不起昂贵的房租。

“他显然是从未见过一个房客对他如此热情，他简直不知道该怎么办才好。”史德伯这么描述当时的情景。接下来，房东对史德伯开始诉苦，抱怨房客，说其中的一位给他写过14封信，内容太侮辱他了。另一位房客则威胁如果不能制止楼上那位房客打鼾的话就要退租。“有你这种满意的房客，多令人轻松啊！”房东对史德伯称赞道。

当然，最终的成果是令人满意的。在史德伯没有提出要求之前，房东就主动要减收一些租金。“但这还是一个比较高的数字”，史德伯说出了自己能负担的数字，而房东什么都没有说就同意了。当他离开时还转身问道：“有没有什么要为你装修的地方？”

“如果我用了别的房客所用过的方法来迫使房东将房租降低，我确信我必然会遇到和他们一样的困难。而这种友善的、同情的、欣赏的方法使我达到了自己的目的。”

如果一个人认识到友善的方式能够更好地改善身边的人际关系，那么他在日常言行中也会表现出温和友善的态度来。强暴粗鲁的方法永远不可能赢得好人缘，只有友善的方法才能征服别人的内心。

每天花点时间整理自己

> 任何麻烦或困难的诞生，最应该责怪的不是某个人，而应该是自己。每个人都可以通过对自己过去的所作所为进行思考，然后调整自己来适应周边的环境，以解决麻烦或困难。

我的档案柜中有一个私人档案夹，标示着“我曾做过的蠢事”。里面记录了我做过的一些蠢事。虽然有时候我会口述让我的秘书做记录，但往往觉得这些私事并不十分光彩，不好意思透露给他人，因此只好亲手写下来。

每当拿出那份“愚蠢档案”，重温我对自己的批评时，我都能清楚地知道，最难解决的问题其实就是自我管理。

我曾把自己的麻烦归咎于他人，但随着年龄的增长，我渐渐地明白，我最应该责怪的人其实不是任何人，而是我自己。拿破仑被放逐到圣海伦岛时也认识到了这一点，所以深有感触地说：“我的失败完全是我咎由自取，与任何人无关。直到现在我才知道，我最大的敌人其实是我自己，这正是我陷入如此悲惨境地的最主要原因。”

让我们来看看豪威尔先生的故事。他最初只是一个乡下小店的售货员，最终却凭借自己的努力成为了美国财经界的领袖人物，曾担任美国商业信托银行董事长，并兼任几家大公司的董事。因此，当他于1944年7月31日在纽约大使酒店遇刺身亡时，在全美国引起了巨大的震惊，更在华尔街引起了骚动。

有一次，我请教豪威尔先生成功的秘诀，他说："我有一个记事本，上面记载了一天中的约会时间。家人从不指望我周末晚上会在家，因为他们早就知道，周末晚上是我固定的自省时间，对我这一周的工作表现进行总结和评估。晚餐后，我单独待在房间里，翻开记事本，回想一周来的面谈、讨论和会议过程。我自问：'我当时错在哪里？''哪些事做对了，还有什么地方需要改进？''我能吸取什么经验教训？'这种检讨总是让我很不开心。有时，我会对自己鲁莽的言行感到惊诧。但是，随着年龄的增长，这种事情发生得越来越少。自我检讨的习惯我保持了很多年，对我的帮助非常大。"

豪威尔先生自省的做法和富兰克林差不多。不过，富兰克林每天都要自我反省。经过认真地分析，他发现了13项严重的错误，包括：浪费时间、关心琐事、与人争执。富兰克林知道，如果不改正这些缺点，就不可能有大的作为。所以，他制订了详细的计划，确定了每周需要改正的缺点，并且每天都记录下赢的一方。如果成功地改正了一个缺点，下周就会继续攻克另一个难题。在整整两年里，他的生活其实是在与缺点不断地斗争中度过的。现在，你应该知道富兰克林为什么能成为伟人，有些人却只能庸庸碌碌的真正原因了吧？

哈佛大学的心理学家罗伯·怀特在他的一本名叫《进步的生活：性格自然成长的研究》的书中就谈到在我们身边流行的一种观念，他说："每个人都要调整自己来适应周边的环境，这种观念使人们错误地认为，得体就是尽自己最大努力来适应外界固有的生活方式、规则以及限制，或者屈从于成熟感的压力。然而这样做的后果只会让人迷失方向，丧失成长、自身的创造力和发展的潜力。"

对于怀特博士的观点我很赞同。现实生活中很少人有标新立异的勇气，很少人知道自己能代表什么。整个社会和经济群体支配着我们的思想和行为，使得我们必须和周围的人有着相似的生活和思想，否则的话就患得患失，周身不舒服，甚至茫然，不再喜欢自己。

从自省的行为习惯中，我们可以领悟到另一种很好的社交技巧，那就是自我批评。当一个人能够自我批评的时候，往往能够赢得信任。

如果有人骂你愚蠢，你会怎么办？林肯的军务部长爱德华·史丹顿就曾大胆地骂过总统。事情是这样的：林肯为了得到一些自私自利的政客的赞同，签署了一次调动兵团的命令。史丹顿不仅拒绝执行总统的命令，还指责他愚蠢至极。有人告诉了林肯这件事，以为林肯会愤怒，林肯却冷静地说："史丹顿骂我愚蠢，那就证明我真的很笨，因为他几乎从来不做错事。我会亲自和他谈谈的。"

林肯说到做到，真的去找史丹顿，并最终收回了成命，因为他感受到了史丹顿的真诚和好意。连伟大的罗斯福总统和爱因斯坦这样的人也不敢保证自己的每一次决策都是正确的，那我们这些凡人怎么可能永远是正确的呢？

中国有句古话，叫"当局者迷，旁观者清"。如果你遭到了恶意的攻讦而怒不可遏时不要急着为自己辩解或反击，而应该先告诉自己："这个世界上本来就没有十全十美的人。连爱因斯坦也承认自己的结论99%都是错误的，那么我至少有80%的时候是错误的。"对你而言，当批评不再仅仅是指责和辱骂的时候，你就应该谢天谢地了，因为只要你足够清醒，就一定能从中得到某种益处。

大多数人会因为他人严厉的批评而愤怒，甚至失去理智，真正有智慧的人却会想办法从中学习。

如果自己是正确的，可以使用一定的技巧，委婉而友好地让别人同意自己的看法。但一旦发现是自己的错误，就要赶紧真诚地承认，这要比为自己争辩好得多。

我在纽约的中心地区住，从我家步行一分钟可以看到一片树林。春天的时候，黑草莓中间长满了白色的花儿，松鼠在此快乐地生活，草跟人几乎一样高，这片原始的林地就是森林公园，看样子就像名副其实的森林。

一天下午，我第一次来到森林公园，我的惊奇不亚于当年哥伦布发现新大陆。从此，我就跟我的小波士顿斗牛犬雷斯到这里散步。我的雷斯很听话，它没有咬过人，而且公园里的人也很少，所以我就没有给它拴狗链或戴口罩。

我们正在散步，过来了一位骑马的警察，他似乎急于显示自己的官威，一来就叱责我："你为什么不给它拴上狗链，还让它这样到处乱跑。难道你不知道这是违法的吗？"

"啊，我知道这个，"我用温和的语气对他说，"但我的雷斯是不会咬人的。"

"你以为不会！法律不允许你这种自以为是的想法。它可能会咬死这里的松鼠，可能还会咬伤小孩。要是下次我再看到你没给它拴狗链，那你就自己去找法官说吧！"

我很礼貌地就答应了。

我试着为雷斯拴了几次狗链，但它每次都很不耐烦，于是我就不让它再受罪了，我们又像原来一样出去散步了。没想到几天后就出问题了。

这天下午，我正跟雷斯在一座小山坡上赛跑，突然那位骑马的警察又过来了，雷斯不由分说就向他冲去。这下麻烦可大了。好在我已经有了心理准备，不等他开口就先发制人："警官大人，我刚好被你抓个正着，我不会再找什么借口了，这都是我的错，您上个星期已经警告过我的。"

"没关系，"没想到，这位警察竟然变得温和起来，"这里又没什么人，谁都愿意带这样可爱的狗出来散步的。"

"话是这样说，"我说道，"可这毕竟是犯法的啊！"

"这狗这么小应该不会咬人。"警察反而为我开脱了。

"也许它会咬松鼠。"我这样说。

"没那么严重，"他又说道，"这样，你让它跑过这座小山，只要我眼睛看不到，就没什么罪。"

警官也是人，他也想得到别人的尊重，我开始自责的时候，也就是满足他自尊心的时候。所以，不必为自己辩护，也没有必要跟警察争执。

不跟他起正面冲突，因为这时候我肯定是错了，警官绝对没错；相反，我爽快地承认自己的错误，他反而为我开脱。原因在于我为他说话的时候，他也会为我着想，事情就在这样温和的气氛中解决了。当我们无法避免叱责时，就抢先认错吧，自责总比被人责备要好一些。

要是你知道谁想责备你，可以在他说话之前就抢先说出他想说的话，那他就无计可施了。相反，他会对你的过错表示宽宏大量，原谅你的失误，就像那警察对我和我的雷斯一样。

达尔文也是这么做的。早在完成《物种起源》时，他就意识到这一革命性的学说一定会震惊整个宗教界和学术界。因此，在世人严厉地批评他之前，他主动开始自我批评，并在漫长的15年里不断查证资料，向自己的理论发起挑战，对自己的结论进行批评。

福特汽车公司为了了解管理与作业上的缺失，特地恳请员工提出批评。

我认识一位香皂推销员，他甚至主动请求别人对他提出批评。最初，他在推销高露洁公司生产的香皂时订单很少，为了保住这份来之不易的工作，他分析后得知问题出在自己身上。如果推销失败，他总是会认真地反省自己哪些地方做得不好，需要在哪些地方改进。有时候，他甚至会折回去，再次拜访那些商家，恳求他们的意见和指正。

这种执着的态度给这个推销员带来了什么好处呢？他后来成为了当时最大的香皂公司——高露洁公司的总裁，他就是力特先生。

请记住，平安快乐的原则是：

（1）一丝不苟地记下自己做过的蠢事，不放过任何自我批评的机会，因为每一次自我批评对你而言都将是一次促进。

（2）再伟大、再聪明的人，也不能保证自己所做的每一件事、每一次抉择都是正确的。所以每天花至少5分钟的时间反省一下。

（3）敌人对我们的看法，比我们对自己的认识更彻底，更接近事实。

（4）不要以为只能向喜欢你、仰慕你、赞同你的人学习，反对你、批评你的人反而能教你更多。

让微笑深入人心

▶ 做一个微笑者，微笑会让人明白：“我喜欢你，你使我快乐，我很高兴见到你。”笑容比皱眉头更能传达你的心意。总是带着笑容的人在管理、教育、推销上更容易有成效，也更容易培养快乐的下一代。

我最近在纽约参加了一个宴会。客人中有一位女士，可能她刚刚获得了一笔巨额遗产，又可能是急于给每个人留下良好的印象。她买了名贵的貂皮、钻石、珍珠来装扮自己，不惜花费大量的金钱。但是她的面部表情充满了尖酸刻薄以及自私，很显然，除了衣着装饰，她对自己的面孔却没有下过什么工夫。她并不明白男人们心中所想的——那就是一个女人面部的神情，要远远比她身上所穿的衣服更重要（对了，你最好别忘了这句话，假如下次你的妻子要买皮大衣，这句话也许用得着）。

对于微笑，美国最著名的心理学家威廉·詹姆斯曾表示：“行动好像是紧随于感觉之后产生的，但事实上它是与感觉并行的。行动受意念的直接控制，通过意念来控制行动，我们也可以间接地控制感觉，但感觉却不受意念的直接控制。因此，假如我们失去了原有的自然的快乐，那么，让自己变得快乐的最佳方法，就是快快乐乐地坐下来，让自己表现得本来就很快乐一样。如果这种方法还是不能让你觉得快乐，那就没有别的办法了。所以，让自己感觉自己很勇敢，而且表现得好像真的很勇敢，并竭力运用你所有的意念去达到这个目标，那么勇气就很可能取代恐惧。”

史考伯说，他的微笑能值100万美元。他大概是在向我暗示，因为史考伯的性格、魅力以及他那使别人喜欢他的才能，几乎正是他卓越成功的全部原因，这简直是一条真理。而那能够打动所有人的微笑，正是他个性中最可爱的因素。

有一天下午，我和莫里斯·雪弗莱待在一起。坦白说，起初我感到很失望——和我所期望的完全相反，他一直保持缄默，怏怏不乐。幸运的是他终于有了微笑，这微笑犹如太阳穿透了乌云。我想如果不是因为他的微笑，可能雪弗莱还在巴黎，像他的父亲及兄长那样，继续做一个木匠——当然也可以说是家具制造者。

做一个微笑者，微笑会让人明白：“我喜欢你，你使我快乐，我很高兴见到你。”

这就是狗之所以讨人喜欢的原因。它们见到我们时总是那么高兴，以至于迫切到心几乎都要从肚子里跳出来似的。因此，我们看到它们就会很高兴。

一个孩子的微笑也有相同的效果。你是否曾在医院的候诊室待过？一般来说，你会看到四周的人都阴沉着脸，一副非常苦闷的样子。住在密苏里州雷顿市的兽医史蒂芬·史波尔曾对我说过这样一件事：

有一年春天，在他的兽医候诊室中挤满了带着宠物准备注射疫苗的人。也许每个人都在想该干些什么，而不是坐在那儿浪费时间，所以没有人在聊天，气氛非常沉闷。

这时进来一位女士，她带了一只小猫和一个大概9个月大的孩子。她坐在一位男士的旁边，而这位男士已经等得很不耐烦了。可是当他朝旁边看时，他发现那个孩子正注视着他，并咧着嘴天真无邪地朝他笑。你猜这位男士会有什么样的反应？

正如我们想象的那样，他也对那个孩子笑了笑，然后他就和那位母亲攀谈了起来。他们聊起了她的孩子、他的孙子和天气。很快，原本乏味僵硬的候诊室开始活跃起来，大家开始相互聊天，每个人的等待都成了一种愉快的体验。

那小孩的笑是否是不诚意的笑呢？绝对不是。不诚意的笑是骗不了人的。

那种笑是机械的，我们都讨厌它。我们所讲的微笑是一种真正的微笑、热心的微笑、发自内心的微笑，只有这样的微笑才在人际交往中极具价值。

“我所认识的一些人，”一家大橡胶公司的董事长说，“他们起初成功了，是因为他们当时对自己的事业非常感兴趣；但是后来，我看见他们开始变成工作的奴隶，工作对他们而言变得异常无聊，他们失掉了工作中的乐趣，于是一步步走向了失败。”

威廉·史坦哈是一个表情严肃的人，即使在家里也很少笑，这让人觉得他的生活很沉重，或者说很苦闷。

一次，在参加继续教育培训班时，史坦哈被要求准备以微笑的经验发表一段谈话，于是他决定亲自试一个星期。去上班的时候，史坦哈会对大楼的电梯管理员微笑，说一声“早安”；他以微笑跟大楼门口的警卫打招呼；他对地铁的检票小姐微笑；当他站在交易所时，他对那些以前从没见过自己微笑的人微笑。

很快，史坦哈发现每一个人也对他报以微笑。他微笑着面对那些满腹牢骚的人。他一边听他们发牢骚，一边微笑着，问题很快就解决了。他惊讶地发现，自己为此得到了更多的收入。

回家后，史坦哈微笑着和妻子说话，也不再板着脸和孩子说话，沉闷的家突然被一种温馨的气氛笼罩。不可思议的是，这一切看似很难，却来自于简单的微笑。

白德格曾经是卡狄纳的第三棒球名手，转行后成为美国最成功的保险商。他在讲述自己的成功经历时说到，会微笑的人永远是最受欢迎的。所以，在走进一个人的办公室前，他总是会回想一下自己应该感谢的人或事，引出一个发自内心的真诚的微笑后，在微笑渐渐从脸上消失时迅速进去。他相信，这就是他获得巨大成功的重要原因。

弗莱契在为考林公司撰写的广告语中也充分体现了微笑的重要性。

圣诞节一笑值千金

它不用花费一分半厘，却能收获一座金山。

它既能使获得者受益，也能使付出者不损失一分一毫。

它发生于刹那间，却能将瞬间的记忆凝聚为永恒。

再富有的人也不能没有它，贫穷的人却不会因为它而致富。

它让家庭欢声笑语，让生意顺风顺水，让朋友亲密无间。

它是人疲倦时的短暂休憩，是人失望时的巨大安慰，是大自然消除灾难的一剂良方。

你买不到它，求不到它，偷不到它，也借不到它，因为在被丢弃之前，它对任何人来说都是一文不值的。

密歇根大学的心理学家詹姆斯·麦克奈尔教授谈及他对笑的看法时说，笑容比皱眉头更能传达你的心意。总是带着笑容的人在管理、教育、推销上更容易有成效，也更容易培养快乐的下一代。所以在教学上，我们赞同以鼓励和微笑代替处罚。一家纽约大百货公司的人事经理谈及招聘的时候告诉我说，他宁愿雇用一名有可爱笑容，即便没有念完中学的女孩，也不愿雇用一个面孔冷淡的人，哪怕他是一个哲学博士。

第八章

增加友谊的方法

每天做一件让人高兴的事

▶ 当你把好的东西送给别人的时候，你也会得到好东西。正所谓，赠人玫瑰，手有余香。你要别人怎么对待你，你就先怎样对待别人。这就是交际过程中的“相互原则”。

伟大的心理学家阿尔弗雷德·阿德勒常常对那些精神忧郁症患者说：“如果你遵照我开的处方去做的话，你的病会在两周之内治好。我的处方就是每天想一想你怎样才能让别人高兴。”

为什么每天做一件让别人微笑的事，就能给人带来这么大的影响呢？因为当我们试着使别人高兴的时候，就不再会只想到自己。如果只想到我们自己，就会产生忧虑和恐惧，以及忧郁症。

有一句老话这样说：“把玫瑰给你的手，你总能沾点香。”

住在华盛顿州西雅图的已故博士佛兰克·陆培，他因为患有风湿病而在床上躺了23年之久，但是《西雅图报》的记者史德华·怀特豪斯写信告诉我说：“我曾访问过陆培博士好几次。我从未见过哪个人能像他那样不自私，那样好好地过日子。”

像他这样躺在床上的废人，怎么能好好地生活呢？我让你猜两次。他是否一天到晚地埋怨和批评别人呢？不是的……他是不是充满了自怜，想让他成为所有人注意的中心人物，要求每个人都来照顾他呢？也不是。他的做法是把威尔斯王子的名言“我为人民服务”作为他的座右铭。他搜集了许多病人的姓名和住址，给他们写充满快乐、充满鼓励的信，使他们高兴，并激励他自己。事实上，他创立了一个专供病人通信的俱乐部，使他们能够彼此通信联络。最后，他创办了一个全国性的组织，即“病房里的社会”。

他躺在床上，每年平均要写1400封信，由别人捐赠给这个组织的收音机和书籍，为成千上万的病人带来了快乐。

陆培博士和别人最大的不同是什么呢？就在于他有一种内在的力量，有一个目标，有一项任务，知道自己是在为一项高尚而重要的理想服务，并从中获得快乐；他不会做一个像萧伯纳所说的“以自我为中心、又病又苦的老家伙，一天到晚地抱怨这个世界没有好好地使他开心。”

我在开始写这本书的时候，提出了200美元的赏金，以“我如何快乐起来”为题，征求一则对人最有帮助、也最能激励人心的真实故事。

这次征文比赛的3位评审委员，是东方航空公司的董事长艾迪·雷肯贝克、林肯纪念大学的校长史德华·麦克柯里南博士，以及广播新闻评论家卡坦波恩。但我们最后征收到两篇非常好的故事，连3位评审委员也没有办法选出第一名来。于是我们让两名作者平分了这笔奖金。

下面就是得到一等奖的故事之一——作者是住在密苏里州斯普林菲尔德的波顿先生。

“我9岁时没了母亲，12岁时又没了父亲，”波顿先生写道，“我父亲死于车祸，我母亲在19年前的某一天离家出走，从此以后我就再也没有见过她，也没有见过被她带走的我那两个小妹妹。直到离家7年之后，她才给我写了信。我父亲在母亲离家3年之后死于一次车祸。他和一个合伙人在密苏里州的一个小镇买了一间咖啡店，这个合伙人趁他出差的时候把咖啡店卖了，然后卷款潜逃。一个朋友给我父亲发去电报，叫他赶快回家。我父亲在匆忙之下，在堪萨斯州沙林那城的一次车祸中丧生。我有两个姑姑，她们又穷又老，而且病魔缠身。她们把我们5个孩子中的3个带到她们家里去。

“没有人要我和我最小的弟弟，我们只好依靠镇上的人帮忙度日。我们都很怕被人家叫孤儿，或被人家当孤儿来看待，但我们所担心的事情很快就发生了。我和一个贫民家庭在镇上共住了一段时间，但日子很艰难，那一家的男主人不久又失了业，他们没有办法再供养我。后来罗福亭先生和他太太收留了我，让我住在他们一个离镇子11里远的农庄里。

“当时罗福亭先生70岁，得了俗名‘缠腰龙’的带状疱疹，躺在病床上。他告诉我说，只要我不说谎，不偷窃，能听话做事，我就可以一直住在那里。这三项要求成了我的圣令，我完全遵照它们。我开始上学了，可是第一个星期我就像一个婴儿似的躲在家里号啕大哭起来。其他孩子都来找我麻烦，取笑我的大鼻子，说我是个笨蛋，还说我是个‘小臭孤儿’。我伤心得想揍他们一顿，可是收养我的罗福亭老先生对我说：‘你要永远记住，能走开而不打架的人，要比打架的人伟大得多。’所以我一直没有和人打过架。最后，有一天，有个小孩在学校的院子里抓起一把鸡屎朝我脸上扔来。我狠狠地揍了他一顿，结果交上了好几个朋友，他们都说那家伙是自找苦吃。

“我非常喜欢罗福亭太太给我买的一顶新帽子。有一天，有个大女孩把我的帽子扯了下来，在里面装满了水，弄坏了帽子。她说她之所以往里面装水，是想让那些水弄湿我的大脑袋，好让我那玉米花似的脑筋不要乱爆。

“我在学校从来没有哭过，但我常常回家之后号啕大哭。然后，有一天，罗福亭太太给了我一些忠告，使我消除了所有的烦恼和忧虑，并使我的敌人都变成了我的朋友。她说：‘罗夫，只要你对他们表示感兴趣，而且注意观察你能够为他们做些什么的话，他们就不会再来捉弄你，或叫你“小臭孤儿”了。’我接受了她的忠告。我开始努力学习。虽然我不久就得了第一名，但从来没有人妒忌过我，因为我总在尽力帮助别人。

“我帮过好多男同学写作文，我还为好几个男同学写过完整的报告。有一个孩子不愿让他的父母亲知道我在帮他，所以常常告诉他母亲，说他要去抓田鼠，然后跑到罗福亭先生的农场来，把他的狗关在谷仓中，让我教他读书。我还替一个孩子写过读书报告，还花了好几个晚上的时间帮另外一个女孩子学习数学。

“死神很快就来到我们附近：两个年纪很大的农夫都死了，另一位老太太的丈夫也死了。在这4户人家中，我是唯一的男人，我帮助那些寡妇们度过了两年的日子。我上学放学的路上，都会去她们的农庄，帮她们砍柴、挤牛奶，给她们的家畜喂饲料、喂水。现在，大家都很喜欢我，不再骂我，每个人都把我当成他的朋友。当我从海军退伍回来时，他们向我表达了他们对我的真正感情。

“我到家的第一天，有200多个农夫赶来看我，其中还有许多人甚至从80里以外开车过来。他们对我的关怀非常真诚，因为我一直很高兴帮助其他人，所以我没有什么忧虑。而且13年来再也没有人叫过我‘小臭孤儿’了。”

如果你是一位男士，就可以跳过这一段不看，因为你可能不会有兴趣的。这里讲的是一个满怀忧虑的、很不快乐的女孩子如何使好几个男人来向她求婚的故事。而这个女孩子现在已经是一位祖母了。

我几年前曾去她家里做客。当时我正在她所住的小填上演讲，第二天早上她又开车送我到50里外的地方去搭车，好让我转车到纽约中央车站去。我们谈起了如何交朋友的事，她对我说：“卡耐基先生，我要告诉你一件我从来没有跟任何人说过的事情——甚至连我丈夫也不知道的事。”

她告诉我说，她出生在费城一个很穷困的家庭里，“我幼年和少年时的最大悲剧，”她说，“就是我家很贫穷。我不能像其他的女孩子那样有许多的娱乐，我的衣服料子从来都不是最好的，加上我长得太快，衣服总是没办法合身，而且也不是流行的样式。我一直觉得很丢脸，也很委屈，结果常常哭着进入梦乡。最后，我在绝望之中想出了一个办法，就是每次参加晚宴的时候，我总请我的男伴将他自己过去的经验以及他的一些看法，还有他对未来的计划告诉我。

“我之所以这么做，并不是因为我对他的话特别感兴趣；我这样做，只是不想让他注意到我穿着难看的衣服。可是奇怪的事情很快发生了，当我听这些年轻人跟我谈话，并对他们有了较多的认识后，我真的开始对他们说的话产生了兴趣。有时候我的兴趣会浓厚到忘记我自己的穿着打扮。可是最让我吃惊的事情，是因为我能倾听别人谈话，而且能鼓励那些男孩子谈他们自己的事情，这使他们非常快乐，于是我渐渐成为我们那里最受欢迎的女孩子，最后竟然有3个男孩子一起来向我求婚。”

如果我们打算像德莱塞所宣扬的那样“为他人改善一切”，那么我们就应赶快去做，时间不容浪费。“这条路我只能走一次，所以我能做到的任何好事，以及我所能做的任何仁慈之举，都现在做吧。不要让自己拖延，也不要让我忽视，因为我不会再经过这条路了。”每天都要做一件能给别人的脸上带来快乐微笑的好事，这样的人生还有什么不快乐的呢？

不要忘记表达真诚

> 得到友谊的最佳方法是注重施与，而不是获得。靠一时的吸引或哄骗得来的友谊是不会长久的。当你将自己的真诚献给他人时，他人会自然被你所吸引。所以，面对朋友，任何时候，都别忘了表达你的真诚。

我常听到许多人埋怨："我性情过于羞怯，很难引起别人注意"，"没有人会对我感兴趣"，或是"别人并不想认识我"等。不错，别人为什么要喜欢你呢？这世界并没有义务非要喜欢你或我，或任何一个人。有什么特别理由别人会特别选中你（无论是工作或社交的理由）？除非我们具有他们所要的特质，否则，他们没有必要特别注意到你。

玛丽安·安德逊曾经很生动地描述她早期的生活——她那时事业失败，整个人很不得志，几乎就要放弃歌唱生涯了。后来，凭借祈告和心灵的追求，她才逐渐恢复勇气和信心，准备继续为自己的事业奋斗下去。有一天，她兴致勃勃地向母亲说道："我要再唱下去！我要每个人都喜欢我！我要继续追求完美！"

母亲回答道："很好啊！这是很好的志向——但是，要知道，人在成就伟大的事业之前，必须先学会谦卑。"玛丽安听了深受感动，因此决心在音乐造诣上"力求"完美，而不是"想要"完美。"谦卑先于伟大"，这是母亲给她的最好赠言。

名作家荷马·克洛维是我的好朋友，十分懂得交友之道。凡是碰到他的人，无论是清道夫、百万富翁、妇孺老幼都会在与他相处15分钟之内对他产生好感。小孩会爬到他的膝上，朋友家的仆人会特别用心为他准备餐点，而且假如有人宣布："今晚荷马·克洛维会到这里来！"则当天的宴会一定没有人缺席。除朋友间深厚的感情之外，荷马·克洛维的家人也都十分敬爱他。他的妻子、女儿，还有好几个孙儿女，全都对他称赞不已。

究竟这位作家是如何赢得这种幸福的？他既不年轻，又不英俊，更不是百万富翁，他有什么魅力可以吸引人呢？说来也很简单——就是待人诚恳、热爱人类而已。他一点也不矫揉造作，并且能让别人感觉到他真的喜欢、关心他们。对他来说，对方是什么人，或做什么事，他都不会在意。只要是身为一个人，对他便意义重大，值得付出关爱。每次他遇见陌生人，很快就能像老朋友一样交谈起来——并不是专谈自己的事，而是尽量谈对方的事。他借由问问题，可以知道对方是从哪里来、做什么事、有没有什么家人等。他也不会唠叨个不停，只是向对方表示自己的兴趣和关心，借以建立起友谊。

当然，为了要得到友谊和情爱，我们必须先认清"施与比受用更有福"，然后把这种认知用实际行为表现出来。我们不能只是把金矿藏在内心，黄金必须使用才能显示其价值。

由此我们知道了得到友谊的最佳方法是必须注重施与，而不是获得——但应该是亲自赢取得来的，而不是靠一时的吸引或哄骗。所谓赢取友谊的能力，并不是指勾肩搭背、与人攀谈、动作滑稽或讲些逗趣的笑话等。而应该是一种心境、一种处世的态度或是一种愿意把自己的爱、兴趣、注意力及服务精神献给他人的愿望。

通用制造公司的董事长哈瑞·布利斯在大学期间靠推销缝纫机为生，他总结说："要想在推销员这个岗位上取得成功，就要忽略自己渴望销售出去的数量，而应该集中心思向客户介绍自己能提供什么样的服务。"他的经验也正是所有有经验的推销员都认同的真理，对自己能否成功推销产品的担心会给心理造成障碍，这样会影响自己适当地介绍产品。

如果一个人将精力用在为他人服务上，就会充满难以抗拒的力量。你怎么会拒绝一个企图帮你解决问题的人呢？

布利斯先生说："我对推销员说，如果他们一天到晚想的都是'我今天要尽力多帮助一些人'，而不是'我今天要尽力多卖出一些产品'的话，就会发现接近买主不是那么困难了。然后推销业绩会出奇地好。能够帮助同胞获取快乐、轻松生活的人，是最高级的推销员。"

打高尔夫球时，会有人叮嘱我们不要让眼睛离开球；向成年人传授说话技巧时，我们告诫学生要集中心思在他想要传达的信息上。紧张、害怕都是担心结果的表现，这是不可取的。我自己就是从吃过的苦头中学到这一点的。我曾经是一个害羞的人，天生不善于公开讲话，要我面对一群听众就好比要一个普通人面对国会调查委员会一样费力。

好几年前，我准备发表演讲，当时的听众据说相当难缠。我事前与一位好朋友共餐，免不了流露出紧张的情绪。"假如听众不同意我讲的话怎么办？"我神经兮兮地问这位朋友，"假如他们不喜欢我，该怎么办？"

"不错，"朋友回答道，"他们为什么要喜欢你呢？你能给他们干什么？你认为自己要讲的话很重要吗？"

"我承认那些东西对我来说，的确意义十分重大。"我说道。

"很好，"她继续说道，"我倒不觉得听众喜不喜欢你有什么重要。重要的是你有没有把要讲的信息传达出去。至于他们喜欢或讨厌你，又有什么关系呢？至少，你已完成了任务。"

朋友的这番话，改变了我对演讲的整个看法。现在，每当我准备发表演讲的时候，都会在事前先静心祷告："神啊，求你帮助我传达出对这些听众有益的信息来，让他们有所收获，满心欢喜地回家。"这样的祷告对我十分有用，而我也的确希望能对听众有帮助。这样的祷告使我谦卑地体会到自己只不过是个传达某些信息的演讲员，而不是要显露自己的学问或者风采。我的目的是要带给听众一些鼓舞性的思想，以期对他们的生活有所助益。

《狗明星"强心"》的主演，好莱坞著名的喜剧之星J.艾伦·布恩，在观察"强心"表演的过程中学到了不少东西。他后来把这些学到的东西编写成《给"强心"的信》，并成为一本畅销书。布恩先生介绍，这是一只很了不起的狗，总是欣然地执行他的命令，在电影中表演为剧情所需的各种动作。难的是它这么做，从来不是为了得到报酬，而是出于爱和享受把事情做好而带来的快乐。有好几次，“强心”都曾纯粹是为了自身的乐趣而表演。这也许正是它能成为电影明星的原因。

布恩先生还曾谈到有一次他面对一个跳舞的年轻女孩。她第一次试跳的时候，紧张得像新娘出嫁，怕自己会失败。于是他安慰她：“不要在乎结果，只当是纯粹为了享受跳舞的乐趣而跳，为了上帝而跳吧。”很快地，女孩的心态来了个彻底地转变。

同理，获得友谊的全部秘诀也在于不要担心结果，不要在意别人是否会喜欢我们，现在就着手去做所有能激发爱和友情的事。在这方面，威廉·奥斯勒爵士的话很值得我们思索，他说：“我们应该做的不是张望缥缈的未来，而是脚踏实地做好眼前的事。”现实的情形是：当我们还是处在做梦年龄的时候，常常梦想有朝一日要写出最伟大的小说来。想象别人是如何欣赏那本书，如何听到掌声，如何得到那永远的荣耀。想象自己要穿什么样的衣服，所到之处，别人是如何赞美、追求，不断引用自己讲过的话。我们想了许许多多，就是从来不曾想过可能会遭遇的困难，或是那些沉闷辛苦的工作，那些在创作过程中所要流出的泪和汗。我们想的都是有关荣耀的报偿，而不是如何努力去赢得这份荣耀。像这种幼年士气的幼稚行为，可以说是典型的“一颗寂寞的心灵想要得到友谊”，或是“想要与他人建立良好关系”的心理表现。只是，我们把次序弄错了——我们是希望别人先来喜欢我们，却不曾想到要如何才能让别人喜欢。

为此，我们如果想要赢得更多人的喜欢，营造更广的人际关系，就应当认清这条真理：“真心地喜欢对方。”

如果你不知道如何与人相处时，请记得：

（1）凡不关心别人的人，必会在有生之年遭受重大的困难，并且大大伤害到其他人。也就是这种人，导致了人类的种种错失。

（2）天底下只有一种方法可以促使他人去做任何事——给他想要的东西。

原谅别人就是放过自己

> 没有什么比仇恨更消耗体力，甚至痛苦、疾病、有缘由的烦恼都望尘莫及。因此，一旦仇恨潜入心中，我们就应该立即用欢乐的思想取而代之，为有价值的事省下上天赐予我们的宝贵精力。

多年前的一个晚上，我旅行途经黄石公园。一位骑着马的森林管理员，告诉了我们这群兴奋的游客许多有关熊的事情。他说：有一种大灰熊几乎可以击倒西方所有的动物，除了水牛和另一种黑熊之外。但在那天晚上，我却注意到有一只小动物——只有一只——那只大灰熊不但让它从森林里跑了出来，还与它在灯光下共进晚餐。那是一只臭鼬！大灰熊很清楚，只需扬起它的巨掌，就可以一掌打死这只臭鼬，但它并没有那样做。为什么呢？因为它从经验里学到，那样做，对它来说划不来。

我也知道这个道理。当我还是个孩子的时候，曾在密苏里州的农庄抓过这种4只脚的臭鼬；当我长大成人后，在纽约的街头也碰过几个像这种臭鼬一样的两只脚的人。我从这些不幸的经验中发现：无论招惹哪一种臭鼬，都不是明智之举。

当我们痛恨我们的仇人时，就等于给了他们取胜的力量。那种力量能够影响我们的睡眠、我们的食欲、我们的血压、我们的健康和我们的快乐。如果我们的仇人知道他们是如何让我们担心，让我们烦恼，让我们一心只想报复的话，他们一定会高兴得手舞足蹈的。我们心中的恨意完全伤害不到他们，可是却使我们的生活变成地狱。

“要是自私的人想占你的便宜，就不必理睬他，更不必报复他。当你想跟他扯平的时候，你对自己伤害的，远比对那家伙的伤害更多……”你猜这是谁说的？这段话听起来好像是什么理想主义者所说的，其实不然。这段话来自一份警察局通告。报复为什么会伤害你呢？它对你伤害的地方可多了。根据《生活》杂志的一篇报道，报复甚至会损害你的健康。“高血压患者的主要特征，就是容易愤怒，”《生活》杂志说，“愤怒不止的话，长期性高血压和心脏病就会随之而来。”

怨恨之心甚至会毁坏我们享受食物的美味。圣人说：“怀着爱心吃蔬菜，也会比怀着怨恨吃牛肉要好得多。”假如我们的仇人知道我们对他的怨恨，使得我们精疲力竭，使得我们紧张不安，使得我们的外表受到损伤，使得我们心脏病发作，甚至可能使我们寿命减短的时候，他们难道不会拍手欢呼吗？

即使我们不能爱我们的仇人，那我们至少也要爱我们自己。我们不能让仇人控制我们的快乐、我们的健康和我们的外表。这正如莎士比亚所说的：“不要因为你的敌人而燃起一把怒火，结果却烧伤你自己。”

有句老话说：“不会生气的人是笨蛋，而不生气的人才是聪明人。”这也正是纽约州前州长威廉·盖诺所坚持的策略。当他被一份街头小报攻击得遍体鳞伤之后，又被一个疯子打了一枪，几乎送了命。他躺在医院，生命垂危，但是他仍然说：“每天晚上我都原谅所有的事情和所有的人。”

最近，我的一个朋友心脏病发作，他的医生要求他躺在床上，不论发生任何事情都不能生气。作为医生，都知道患有心脏衰竭症的人，一发怒生气就可能送命。

几年前，在华盛顿州的斯泼坎城，有一家餐馆的老板就因为生气致死。我面前现在就有一封寄自华盛顿州斯泼坎城警察局局长杰瑞·施瓦脱的信。他在信中说：“几年以前，有一个叫威廉·崔堪伯的人，他已经68岁了，在斯泼坎城开了一家小餐馆。因为他的厨师坚持用茶碟喝咖啡，而将他活活气死。

“事情发生的时候，那个小餐馆的老板非常恼火，抓起一把左轮手枪去追那个厨师，结果因为心脏病发作而倒地死去——而他手里还紧紧地抓着那支手枪。验尸员报告说：‘他因为愤怒而导致心脏病发作。’”

有一次，我问艾森豪威尔将军的儿子约翰，他父亲是否一直怀恨别人。“不，”他回答说，“我父亲从来不去为那些不喜欢的人而浪费他一分钟。”

因此我想说的是，如果你要培养平安和快乐的心境，请记住：我们永远不要去试图报复我们的仇敌，如果我们那样做的话，将会深深地伤害自己，所以，请不要把时间浪费在去想那些我们不喜欢的人身上。

站在他人的立场上想问题

> 在你与人交往时，不要把对方自己都不在意的错误牢记在心，也不要指责别人，傻子才会那样做；而要尽量了解别人，站在对方的立场上考虑问题，他的所思所想、所喜所忌，都会进入你的视线中。

当对方的做法不符合我们的预期，先不要批评，应该静下心来想一想，他为什么会那样思考，会那样行动？他的理由是什么？如果你能找出那个隐藏着的原因，你就找到了理解他们的行为和人格的钥匙。

试着使你自己真诚地站在别人的立场上来思考问题。

假如你对自己说："如果我处在他的情况下，我将有什么感受，会做出什么反应？"那么你就可以省去许多时间与不必要的烦恼，因为"如果对原因产生兴趣，我们就不会厌恶结果。"而且除此之外，你还可以大大增加你的为人处世技巧。

肯尼斯·古德在他的作品《如何使人变得高贵》中说："暂停一分钟，将你对自己事情的浓厚兴趣，和你对别的事的漠不关心做一做比较，然后你就会明白，世界上任何其他人也都是同样的态度。以后，你就能像林肯、罗斯福一样，把握住除看守监狱以外的任何工作的基础和机会。换句话说，为人处世之成功与否，全在于你能否以同情之心接受别人的观点。"

萨姆·道格拉斯住在纽约州汉普斯特市，他以前总是数落他的妻子，说她在修整家中的草地、拔杂草、施肥和剪花草方面浪费了太多的时间。他批评她每个星期这样做两遍，可是草地看上去并不比四年前更好看。道格拉斯这种话当然让他妻子十分不高兴，因此每当他这样批评她时，那整个晚上家中都会笼罩着一层乌云。

在参加了我的辅导班之后，道格拉斯先生认识到了他这些年来犯的大错。他从来都没有想过，她在修整草地时，也会从中获得快乐，以及由此而得到的夸奖。

一天晚上，吃完晚饭之后，妻子说要去除杂草，并想道格拉斯去陪她。道格拉斯先是没有答应，但过后他想了一下，又陪她出去帮她拔草。她显得非常兴奋，两个人一同干了一个多小时，度过了一个愉快的夜晚。

从那以后，道格拉斯经常陪妻子修整草坪，并夸奖妻子，说她把草坪修整得很好看，而且院子里的泥土地整得像水泥地一样光滑。结果他们俩都从中获得了快乐，因为他学会了从妻子的角度来看事情。

吉拉德·利奥德在他的作品《深入他人之心》中评论说："当你认为别人的观念、感觉与你自己的观念和感觉同等重要，并向对方表示这一点时，你和别人的交谈才会轻松愉快。在谈话开始的时候，要尽量使对方提出这次谈话的目的或方向。如果你是个听者，你就要克制自己不要随意说话。如果对方是听者，你接受他的观点，将会使他大受鼓舞，能够与你开怀畅谈，并接受你的观念。"

当个人的问题显得更加急迫的时候，如果能从别人的观点来看问题，那么也能在一定程度上缓解紧张的气氛。例如，澳洲南威尔士的伊丽莎白·诺瓦克已有6个星期没有支付分期购车的钱款，这使她遇到了一些麻烦。

"在某个星期五，"伊丽莎白说，"一位负责分期付款购车的男人给我打来电话，很不礼貌地告诉我，如果我在下周一早晨还不缴付122美元的话，他们公司将采取进一步措施。由于到了周末，我自然筹措不到这笔钱，因此，到了星期一时，我一大早就接到了那个男人气冲冲的电话。不过我并没有对他发火，我是从他的立场来看这件事的。我首先真诚地向他道歉给他带来了这么大的麻烦，而且我已经不是头一次逾期未付款，因此我一定很让他为难。听了这些话，他的语气立即缓和下来，并说我根本不是令他头疼的顾客。他还举了好几个例子，说有些人更不讲理，不仅信口胡说，还躲着不见他。

“我没有说更多的话，就让他说出了心中的不愉快。然后，根本不需我请求，他就说即使我不能立刻缴付欠款也问题不大；还说如果月底之前我能先缴付20美元，然后在手头方便时付清余额，一切都好说。”

所以，当你明天请人熄火，或请他买一瓶你推销的“雅福达”清洁剂，或捐50美元给红十字会以前，为什么不先停一下，闭上眼睛，从对方的角度将整个事情想一想？问问你自己：“他为什么要这样做？”当然，那要费许多时间，但那能使你赢得朋友，培养情谊，并且减少摩擦，少惹麻烦。

“在与人会谈以前，我情愿在那个人办公室外的过道上多走两小时，”哈佛大学商学院院长唐哈姆说，“而不愿贸然走进他的办公室，如果我对于我所要说的，以及他——根据我对他的兴趣及动机的认识来推断——可能会做出什么答复都没有很清晰的认识的话。”

如果你读完这章之后，只学到了一件事——经常培养自己从对方的角度去思考，能从他人的立场出发，如同从你自己的立场出发一样——如果你从这章中只学到这一点，就足以为你的生活道路打开新的一页。

所以，请记住这一点：如果你要使别人同意你的意见，请真诚地从对方的角度来看待事情。

第九章

让你充满吸引力

谈论他人喜欢的话题

▶ 如果你想要别人喜欢你，如果你想要他人对你产生兴趣，那你就要注意这一点——谈论别人感兴趣的事情。如果我们想要交朋友，并成为受人欢迎的说话高手的话，就要用热情和生机去应对别人。接触对方内心思想的妙方，就是和对方谈论他最感兴趣的事情。

纽约电话公司曾对电话中的谈话内容做过详细研究，以了解哪些字在电话中是最常用的。结果发现用得最多的字是“我”。在500次电话谈话中，这个词曾被用过3990次。

当你看一张包括自己在内的团体照片时，你会先看谁呢？如果你以为别人对你很关心，那么就请回答下面两个问题：

“假如你今晚死去，将会有多少人来参加你的葬礼？”

“如果你不关心别人，别人会关心你吗？”

假如我们只想让别人注意自己，让别人对我们感兴趣，我们就永远也不会有许多真挚而诚恳的朋友。朋友，真正的朋友，不是用那种方法交来的。

维也纳已故著名心理学家阿德勒写过一本书叫《生活的意义》。在那本书中，他说：“对别人漠不关心的人，他的一生困难最多，对别人的损害也最大。所有人类的失败，都是由这些人造成的。”

也许你读过几十卷关于理学方面的书，但是却再也找不到比这句话对你和我更重要的了。我并不喜欢重复，但阿德勒这句话太具有深意了，所以我希望重录一下："对别人漠不关心的人，他的一生困难最多，对别人的损害也最大。所有人类的失败，都是由这些人造成的。"

如果我们想要交朋友，并成为受人欢迎的说话高手的话，就要用热情和生机去应对别人。当别人给你打电话时，你也应该用同样的心理学。你和他说话的声音，要表示出你是如何喜欢他给你打电话。

纽约电话公司开设了一门课程，专门训练公司的接线员，要求他们在说"请问您要拨什么号码？"时，要向对方表达出"早安，我很高兴为您服务"的语气。明天我们接电话时，也要记住这一点。

每一个拜访过罗斯福总统的人，都会对他那渊博的知识感到惊讶。"不论是牧童还是骑士，或纽约的政客和外交家，"研究罗斯福的权威作家伯莱特福这样写道，"罗斯福都知道该和他说什么话题。"

罗斯福究竟是如何具备这种魅力的呢？很简单！不论罗斯福要见什么人，他总是会在对方到来的前一个晚上稍晚些睡，翻阅一些对方特别感兴趣的知识。

罗斯福和所有领袖人物一样，深知接触对方内心思想的妙方：就是和对方谈论他最感兴趣的事情。

查立夫先生和我保持着联系，他是一位对童子军事业非常热心的人。在他的信中他对我提到了发生在他身边的故事。

"有一天，我感到我需要别人的帮助。"查立夫先生在信中写道，"欧洲将举办童子军夏令营活动。我想邀请美国某大公司的经理出钱，赞助我和一位童子军的旅行费用。幸运的是，在我去拜访这位经理之前，我听说他曾开出了一张100万美元的支票。要知道，这可是100万美元！于是，见到他之后，我告诉他，我这一辈子从来都没有听说有人开过数额如此巨大的支票；我还要告诉我的童子军，说我的确看到过一张100万美元的支票。结果，这位经理非常愉快地把那张支票递给我看。我一直赞叹不已，并请他把开这张支票的详细情况告诉我。"

请注意，查立夫先生在刚开始时，并没有和对方谈有关童子军或欧洲夏令营的事，也没有谈他想要对方帮忙的事。他只是谈对方感兴趣的话题，让对方愿意和他谈话。于是，出现了查立夫先生下面所说的情况：

“过了一会儿，我所拜访的那位经理问我：‘哦，请问你来找我有什么事？’我就把我的事情告诉了他。令我吃惊的是，他不但立即答应了我的请求，还十分大方地给了我更多的资助。我本来只请他出资赞助一名童子军去欧洲的，可是他慷慨地资助了5名童子军和我本人，给我开了一张1000美元的支票，并建议我们在欧洲玩上7个星期。然后，他又给我写了一封介绍信，把我引荐给他在欧洲分公司的经理，请他到时候帮助我们。

“当我们抵达欧洲时，他又亲自去巴黎接我们，带着我们游览了这座美丽的城市。从此以后，他就对我们童子军事业非常热心，经常为家庭贫困的童子军提供工作的机会。”

查立夫先生又说：“但是我也很清楚，如果我当时没有找到他感兴趣的话题，让他高兴起来，那么这件事不仅不会办得这么容易，我想大概连1/10的机会都没有。”

这就是这个方法的奇效，可以形成良好的沟通效果，打开你的人际关系。

似乎成功人士都懂得这个道理，耶鲁大学原教授菲利普先生，是一个非常和蔼的人。他谈到了自己早年时的故事。

“我8岁那年，有一次去姑妈家，那是一个周末，”菲利普在一篇谈论人性的小品文中这样写道，“有一天晚上，一位中年人来到姑妈家。在和姑妈随便聊了几句之后，他就把注意力转移到了我身上。当时我对船很感兴趣，而这位来访的客人和我谈论了这方面的知识，当然令我产生了特殊的兴趣。他离开之后，我还对他赞赏不已。他是纽约的一位律师，本来他对有关船的事情是不应该如此热心的，甚至是根本不会有兴趣的。”

“可是，他为什么自始至终都在与我谈论船的知识呢？”菲利普问姑妈。

姑妈说：“因为他是一位高尚的人。他见你对船很感兴趣，就谈论这些你关注并感兴趣的话题。通过这种方法，他使自己成了一个受欢迎的人。”

最后，菲利普教授又补充说："我永远也忘不了我姑妈对我说的这些话。"

当然，你也许更关注这种方法在商业活动中是不是也有价值，那么我再举个例子，大家看一看纽约一家高级面包公司杜弗诺公司的经理杜弗诺先生是怎样做的吧。

杜弗诺先生一直想把自己的面包推销给纽约某家大饭店。连续4年，杜弗诺先生几乎每个星期都要去拜访这家饭店的经理，并且经常参加由这位经理举办的各种社交聚会。为了促成这笔生意，杜弗诺先生甚至在这家饭店租了一个房间住在那里。但是，尽管杜弗诺先生用尽了各种方法，还是没能让这位经理的大笔在合同书上签字。

"后来，"杜弗诺先生说，"我研究了有关人际交往的知识，决定改变策略。我决定找到这个人的兴趣所在，寻找他最关心、最热衷的事业。

"我发现他是美国饭店业协会的会员。不仅如此，由于他对这项事业抱有如此浓厚的兴趣和热情，使他被推举为这个组织的主席。每次只要开会或举行什么活动，他不管有多忙，都会毫不犹豫地赶来参加。

"于是，当我再次去拜访他的时候，我开始和他谈论有关饭店业协会的事情。你猜他怎么反应的？我得到的反应之良好，简直令人吃惊！他花了半小时和我谈论饭店业协会的事情，整个谈话过程中，他都精神饱满，充满着热情，而且声音也非常洪亮。我由此看出他感兴趣的正是饭店业协会的事情，可以说他将自己的全部精力都投入在这上面。就在我离开他的办公室之前，他劝说我加入这个协会。

"在这次会谈中，我没有对他提有关面包的半个字。可是没过几天，我就接到他饭店主管人员的电话，让我把面包的货样和报价单送过去。'我真不知道你对这老先生用了什么魔法，'这位主管人员在电话中对我说，'他可是真的被你打动了！'

"试想一下，我和这位经理打了4年交道，一心想把面包卖给他，可是一直没有成功。如果不是我设法找到了他所感兴趣的事，了解到他愿意讨论的话题，恐怕我现在还在和他死磨硬泡，却一无所获呢！"

可见，人人都对自己感兴趣，只要你能表达出你对别人的兴趣，主动引导对方说出自己感兴趣的话题，你就不仅仅是一位说话的高手，更是一位操控人心的高手。

这种哲学在商业中管用吗？让我们来看下。

查尔斯·华尔德是纽约市一家大银行的员工，有一次，他受命准备一份关于某公司的机密文件。他知道某个人掌握了他所急需的这些材料。

于是，华尔德就拜见这个人，他是一家大实业公司的董事长。正当华尔德被引进董事长办公室时，一位青年女子从门外伸进头来，告诉董事长说她今天没有邮票可以给他。

“是这样的，”董事长对华尔德解释道，“我正在为我12岁的儿子收集邮票。”

华尔德向他介绍了自己的来意，开始问他一些问题。这位董事长的回答十分含糊不清——很明显，他不愿讲话，没有什么事情能够引起他的兴趣并令他开口的，因此这次会谈变得简短而枯燥。

“说实话，我当时不知如何是好，”华尔德在我班上讲这件事时说，“然后，我想起他的秘书对他说过的话——邮票，12岁的儿子……同时我又想起我们银行的外汇兑换部经常收集邮票——世界各地寄来的信上取下的邮票。

“第二天下午，我再次前去拜访这位董事长，并请人传话进去，说我有些邮票要给他的儿子。结果呢，我是不是受到了热烈的欢迎呢？当然是的。即使是他要竞选国会议员，也不可能那么热情地握着我的手了。他发出善意的微笑，说：‘我的乔治肯定会喜欢的。’他抚摸着邮票，不断地说，‘看这张！这可是无价之宝啊！’

“我们花了一个小时谈论邮票，并看了他儿子的照片。然后，他用了一个多小时的时间，谈到了他所知道的一切情况，又把他的下属叫进来询问。他还给他几位常有来往的人打了电话——他把所有的事实、数字、报告以及信件全都给了我。用一位新闻记者的话来说，我获得了一个‘大丰收’。”

在公元前100年，古罗马著名的诗人西拉斯就曾说过："我们对别人产生兴趣的时候，恰好是别人对我们产生兴趣的时候。"所以，与人相处的重要一条原则就是：真诚地关心他人，讨论对方感兴趣的话题。

向人表达真诚的赞美

▶ 假如我们自私地一心只想得到回报，那么我们就不会给人任何快乐，不会给人任何真诚的赞美。每个人都有其优点，都有值得别人学习的地方。承认对方的重要性，并由衷地表达出来，就会使你得到他的友谊。

很多人之所以出现交际的障碍就是因为他们不懂得或者忘记了一个重要的原则——让他人觉得自己重要。每个人都喜欢自我表现，夸大吹嘘自己，如果在事情办成后，首先表现出的是自己有多么劳苦功高，做出了多大的贡献。这样其实就在证明别人确实不太重要，无形之中就伤害了别人。

在人类行为中，有一条至为重要的法则，如果我们遵守它，就会万事如意；实际上，如果我们遵守这条法则，将会得到无数的朋友，获得无穷无尽的快乐。可是，如果我们违背这条法则，就会招致各种挫折。这条法则就是："永远尊重别人，使对方获得自重感。"

正如杜威教授所说的："自重是人类天性中最强烈的冲动和欲望"；也正如詹姆斯教授所说的："在人类天性中，最深层的欲望就是渴望得到别人的重视。"我也曾指出，这种冲动正是我们区别于动物的特征，正是这种欲望才推动了人类文明的发展。

千百年来，哲学家们一直在思考人类关系的准则，终于悟出一种观念。这种观念并不是什么新的东西，早在3000多年前的波斯、2000多年前的中国，以及印度和耶路撒冷等地，先哲们就在传播这种观念，这就是中国先哲孔子所说的："己所不欲，勿施于人；己所欲者，亦施于人。"

你希望周围的人赞同你，希望自己的价值得到别人的认同，希望自己能得到别人的重视；你不愿听到不值钱的卑贱的谄媚，但渴求得到真诚的赞美。你希望你的朋友和同事都能像施科瓦所说的那样，"诚于嘉许，宽于称道"。我们大家都希望这样。那么，就让我们自己先遵守这条法则："你希望别人如何对待你，就如何去对待别人。"

那么，你应该如何去做呢？答案是：随时随地实践，这样它就会给你带来神奇的功效。

我曾向无线电商厦一位导路员打听舒维尔先生的办公室在哪里。这位导路员穿戴整齐，口齿十分清晰地说："舒维尔，（他稍作停顿）18层楼，（又稍作停顿）1816号房间。"他显然对自己回答问题的方式非常自豪，胸挺得笔直，头高高地抬着。

我走到电梯边上，很快又转了回来，对那位导路员说："你回答我的方法实在是太美妙了，为此我要真心感谢你，向你表示祝贺。你的回答非常清楚准确。你真像一位艺术家，太了不起了！"他听了我的话之后，精神焕发，显然高兴到了极点。他告诉我为什么他每次都稍作停顿，为什么每说一句话都会那么准确……你看，我短短几句话就让他如此得意，以至于将头抬得高高的。我突然感到自己那天下午也算是为人类的幸福做了一点有益的事情。

这条法则并没有什么特权，也没有等级限制，它是任何人任何时候都可以奉行的法则。你大可不必等自己当上大官，或发了大财之后，再去奉行这条法则。你几乎每天都可以运用它，例如，我们进餐馆，要了一份法式炸薯条，而女服务员却端给我们一盘薯泥，这时我们不妨说："对不起，给你添麻烦了。但我更喜欢法式炸薯条。"女服务员会说："不用客气，一点也不麻烦。"由于我们对她表示了尊敬，所以她会很高兴地给我们换炸薯条。

"对不起"、"给你添麻烦了"、"让你多费心"、"请你……"、"能不能……"、"谢谢"——这些细微平常的礼貌短语，就像是每天单调的生活中的润滑剂，会给我们的生活平添几分色彩，增进我们的人际关系，而这同时也是你我优良品质的体现。

每个人都有值得称赞的地方，只要你发现他的这一点，那么他们对你的态度就会立刻发生转变。

有一次，我在纽约第33大街和第8大街交叉路口附近的邮局排队，准备寄一封挂号信。我注意到那位邮局工作人员好像对他的工作很是不耐烦的样子，因为他整天称信、取邮票、找零钱、开收据……这样年复一年地做着单调而重复的工作。

于是我对自己说："我一定要让他喜欢我。显然，要让他喜欢我，我必须说些让他感到高兴的话。不是关于我的，而是关于他的。"

我问自己："他有没有什么值得我真心赞美的地方呢？"

当你面对一个不熟悉的人时，这个问题可不好回答，但是这次却很凑巧，我很快就发现了他身上一个值得我赞美的地方。就在他给我称信的时候，我热情地对他说："我真的希望自己也能有您这样一头好头发。"

他抬起头来看着我，显然有些惊讶，但很快脸上就露出了欢欣的微笑。"不过现在没以前好了。"他很谦虚地说。我诚恳地对他说："虽然它比以前稍减光泽，但还是很好。我真的很羡慕您。"他显得非常高兴。于是我们愉快地谈了起来。最后，他对我说："有许多人都说我的头发好。"

我敢打赌，他那天吃午饭时心情一定非常愉快；那天晚上他回家后，一定会很高兴地把这件事告诉他的妻子；他甚至还会对着镜子自夸："我的头发实在太漂亮了。"

我并不是喜欢自我炫耀的人，但是我的这些实例总能告诉别人人际交往的原则。有一次，我在某个公共场所讲起了这件事。有一个人问我："你这样做，那你又从他那里获得了什么？"是的，我想从他那里获得什么呢？我又从他那里得到了什么呢？假如我们是如此的自私，一心只想得到回报，那么我们就不会给人任何快乐，不会给人任何真诚的赞美。假如我们的气度如此狭隘，那我们只会遭到应有的失败，而不会有任何成功和幸福。

不错，我确实是想从他那里得到某些东西，这是一些难以用金钱来衡量价值的东西，而我也的确得到了！你看，我赞美了他，让他得到了幸福的感觉，可是他对我却难以回报。这种感觉是无价之宝。这件事情过去许久之后，你仍然可以在记忆中想起它，得到一种美妙的体验。

康涅狄格州律师向我讲述了奉行这条法则发生在自己身上的成功案例，但是他不想让别人知道他的姓名，我们暂且就叫他G先生吧。

G先生来我班上接受培训之后不久，就和他妻子驾车去长岛，看望她的几家亲戚。他妻子将他留下来，陪同她年迈的姑妈聊天，而她自己则去看望另几家亲戚。由于G先生要在班上做一次关于如何运用赞美法则的演讲，于是他打算从这位老太太这里开始训练自己这方面的才能。

G先生在老太太的房子四周仔细巡视了一番，希望能找到一些他可以真诚赞美的东西。“您这栋房子是建于1890年前后，对吗？”G先生问老太太。

“是的，”老太太回答说，“正是那一年建的。”

“它使我回想起我出生的老家的房子。”G先生说，“它真是太好了，真漂亮，里面真宽敞！您知道，人们现在再也不建这种房子了。”

“一点都不错，年轻人！”老太太也表示同感。她说，“现在的年轻人可不怎么在乎漂亮的房子。他们所想要的，不过是一小套公寓和一个电冰箱，然后无忧无虑地开着汽车，到处去兜风闲逛。”

“这是一所凝聚了理想和希望的房子。”老太太的声音有些颤抖，陷入了回忆中。她充满柔情地说：“这房子是我和我丈夫爱情的结晶。我丈夫和我在建这栋房子之前，设计构思了许多年。我们并没有请建筑师，它完全是我们自己设计的。”

然后，老太太领着G先生参观了这所老房子。房子里放满了老太太在世界各地旅行时搜集到的纪念珍品：波斯披肩、英国老茶具、威格瓷器、法式寝具、意大利油画，以及曾风靡于法国封建王朝时期的专用于古堡装饰的丝帷。她对这些东西一直视如生命般宝贵。G先生对这些东西表示了真诚的赞美。

“老太太领我参观完房子之后，”G先生说，“她又把我带到车库去。那里放着一辆几乎是全新的别克高级汽车。”

“这辆车是我丈夫在去世前不久买的。”老太太慢声细语地说，“他离我而去之后，我再也没有用过它……年轻人，你很会欣赏美丽的东西，我准备把这辆车送给你。”

“哦，不！姑妈！”G先生说，“您这可让我不知如何是好了。对于您这番盛情，我当然感激不尽。可是我怎么能接受这么贵重的东西呢？我不是您的直系亲属，而且我自己有一辆汽车。再说许多亲戚也很喜欢这辆别克车呢。”

“亲戚？！”老太太激动得大声喊道，“是的，我确实有亲戚。可是他们都正等着我死呢，这样他们就好得到我这辆汽车了。但他们谁也甭想得到它。”

“如果您不愿将它送给他们，那您可以把它卖给旧车专营公司。”G先生告诉老太太。

“卖掉它？！”老太太叫了起来，“你以为我想卖掉它吗？你以为我愿意让那些和我素不相识的陌生人坐在我丈夫给我买的车中，到处跑来跑去吗？年轻人，我做梦都不会卖的。我只想把它送给你，因为你是个懂得欣赏美丽东西的人。”

G先生尽力拒绝接受老太太的汽车。然而他最后不得不收下它，因为他的拒绝只会使她更加伤心。

这位老太太一个人孤独地住在这栋空荡荡的老房子里，她所拥有的只是她的波斯披肩、各种英国和法国古董，以及她的回忆。她所渴望的，正是像G先生这样的赞美和欣赏。

她也曾经年轻而美丽，拥有许许多多的追求者。她曾经和她的丈夫共同建了这所房子，这里面有他们永恒的、温馨的爱情，他们还从欧洲各国搜集到各种珍品来装饰这个爱情的巢窝。可是现在，她已经老了，在这年老孤寂的环境中，她渴望得到一点人性的温暖，得到一点真诚的赞美——但没有人给她所需要的东西。现在G先生给了她这一切，她的心犹如久旱逢甘露的大地一样，充满了感激，使她体会到了久别的情怀。一旦她得到这一切，那么即使将那辆别克车送给G先生，也绝不能完全表达她对他的感激之情。

看了上面的故事之后，你和我应该如何运用这种赞美他人的黄金法则呢？为什么不从我们自己的家庭开始？我不知道还会有什么地方更需要它。你的妻子肯定会有她的优点，或者至少你曾认为她有某些优点，要不然你会娶她当你的妻子吗？可是，自从你上次赞赏她至今已有多久了？你还记得吗，有多久了？记得时刻去赞美他人，让他觉得自己很重要，你不仅没有损失什么，而且也会因此收获更多。

伟大的小说家凯恩拥有成千上万的读者，但是凯恩只是个铁匠的儿子，一生只上过8年学，但他去世时已成为这个世界上有史以来最为富有的作家。他是怎么创造财富的呢？让我们听一下他的事迹。

由于凯恩酷爱诗，所以他将大诗人罗斯迪所有的诗都读了一遍。他还写了一篇演说辞，来歌颂罗斯迪在诗歌方面的艺术成就，并将它送给了罗斯迪本人。罗斯迪当然十分高兴，“任何一个青年能对我的才华有如此高深的见解，”罗斯迪说，“一定是个非常聪明的人。”

于是，罗斯迪将凯恩请到家中来，让他担任自己的秘书。这对凯恩来说，可是改变人生道路的难得机会——因为他凭借这一新的身份，接触了许多当代著名的文学家，从他们那里接受有益的建议，并受到他们的鼓励和激发，开始了他自己的写作生涯，最终名闻世界。

凯恩的故乡是英国曼岛的格里巴堡，它现在已经成为世界各地旅游者观光赏景的胜地。他留下来的财产高达250万美元！可是，又有谁知道，如果他当初没有写那篇真诚赞美罗斯迪的演说词，他或许会穷困潦倒地死去呢！这就是发自内心地真诚赞美的力量，这是一种伟大的力量！罗斯迪认为自己很重要，这并不是什么新鲜事——几乎每个人都认为自己很重要，非常非常重要。

千万不要忘记爱默生曾说过的话：“凡是我所遇见的人，都有比我优秀之处。在这个方面，我正好可以向他学习。”凡是你听说过的人，你可能都会觉得他在某些方面要比你强，这是一个不容否认的事实。只要我们承认这一点，承认对方的重要性，并由衷地表达出来，就会使你得到他的友谊。

随时喊出对方的名字

▶ 如果想要给人好感，最简单、最明显而又最重要的方式，莫过于能够随口喊出对方的名字。不要小看名字的力量，虽然名字只是一个代号，但它却是一个相当重要的代号——没有人愿意自己的名字被人忽视。

要想记住别人的名字，有时的确是一件很难的事情，尤其是当这个人的名字不太好记的时候。一般人都不愿去记这种难记的名字，都会心想："算了，干脆就叫他的昵称得了，而且很容易记住。"可是，你是否想过，一旦你牢记别人的名字时，将会产生什么样的效果呢？

希德·李维是我的一位学员，他曾经拜访过一位顾客，这位顾客的名字特别难记，叫尼古德玛斯·帕帕都拉斯。由于这个名字太难记，别人都管他叫"尼克"。

李维告诉我说："在我去拜访他之前，我特别用心地记住了他的名字。当我见到他时，用他的全名来称呼他。我这样对他说：'早上好，尼古德玛斯·帕帕都拉斯先生。'只见他一言不发地站在那里，愣了好几分钟都没有缓过神来。最后，他的泪水流了下来，声音颤抖地对我说：'李维先生，我在这个国家已经待了15年，可是从来没有一个人愿意用我真正的名字，像您这样称呼我！'"

有钱人常常出钱资助那些穷困的作家、艺术家和音乐家。他们希望这些艺术家能够把作品献给他们，使他们的名字随着这些作品得以流传。在我们的图书馆和博物馆里，最有价值的艺术品往往由那些希望人们记住他们名字的有钱人捐赠。比如，纽约图书馆里有埃斯德家族与里洛克家族的藏书，大都会博物馆则保存着本杰明·埃特曼与J.P.摩根德的签名书信，而几乎每一个教堂里都镶嵌上了彩色玻璃，用来纪念那些捐赠者。

这说明人们总是非常重视自己的名字，并希望别人能够记住。如果想要给人好感，最简单、最明显而又最重要的方式，莫过于能够随口喊出对方的名字。因为这样，你就给了别人受重视的感觉——而据我所知，每个人都希望拥有这种感觉。这种方法可以说是屡试不爽。

“钢铁大王”安德鲁·卡内基成功的原因是什么呢？尽管他被誉为“钢铁大王”，但是他掌握的钢铁知识并不多。他有成千上万的人为他工作，他们在这方面都懂得要比他多得多。之所以会这样，就是得益于他与人交谈，懂得为人处世的原则，这正是他发财致富的奥秘所在。

卡内基10岁时，有一天抓到了一只母兔，不久就生了一窝小兔子，饲料因而不够食用，卡内基如何处理呢？他一点儿也不头痛，他的脑海里早就有了很美妙的构想，他把邻近的孩子们集合起来宣布：谁能拔最多的草来喂小兔子，就以他的名字给小兔子命名。于是孩子们都争先恐后地为小兔子寻找饲料，卡内基的计划顺利地实现了。他始终没有忘记这一次的成功，终其一生，他就是利用人们的这种心理成功地领导着许许多多的人。

在商业界，他利用这种方法赚了好几百万美元。例如，他为了把钢铁轨道卖给宾夕法尼亚州铁路公司，就以该公司董事长区格·汤姆森的名字命名，在匹兹堡建立了一座大型钢厂。

有一次，卡内基控制的中央交通公司和普尔门控制的公司，都想得到联合太平洋铁路公司的生意，你争我夺大杀其价。一天晚上，卡内基在圣尼可斯饭店碰到普尔门，卡内基说：“晚安，普尔门先生，我们岂不是在出自己的洋相吗？”“你这话怎么讲？”普尔门说。卡内基把心中的话说了出来，他想把两家公司合并。他又把合作而不互相竞争的好处说得天花乱坠。普尔门专注地倾听着，最后问道：“你这个公司要叫什么名字呢？”卡内基立即说：“普尔门皇宫卧车公司。”问题就这样顺利地解决了。

卡内基这种记住以及重视朋友和商业界人士名字的方式，是他的卓越领导才能的重要秘密之一。他以能够叫出许多员工的名字而自豪，认为无法记住别人的名字就等于无法记住他的一项很重要的工作。

作为一个政治家，记住选民的名字，往往是他的第一堂课，而如果忘记了他们的名字，你将会很失败。在记住别人的名字方面，富兰克林·罗斯福总统是一个典范。众所周知，罗斯福总统是这个世界上最忙的人之一。但是他知道记住别人名字的重要性，所以舍得花时间去记住那些人。

一次，克莱斯勒公司特意为罗斯福总统制造了一辆汽车，总经理张伯伦和一位机械师将这辆汽车开到了白宫。在张伯伦的信里，他记述了当时的情形：

“我教罗斯福总统如何驾驶一辆配置了许多特殊部件的汽车，而罗斯福总统也教给了我许多为人处世的道理。总统非常高兴我被召入白宫，他立刻就叫出了我的名字，这使我非常高兴。令我印象尤为深刻的是，他确实很注意我为他所做的说明。这辆汽车进行了特殊设计，非常完美，可以完全用手进行操作。总统说：‘这辆汽车真是太完美了。只要按下这个按钮就可以开动它，而且可以毫不费力地进行驾驶。’我不知道它是怎么工作的。我希望自己能有时间对它进行研究，看看它是如何工作的。

“当总统的许多朋友和同事都围在四周称赞这辆汽车时，他又当着大家的面对我说：‘张伯伦先生，你设计这辆车花了大量的时间和精力，非常感谢你。这辆车简直太棒了！’

“然后，他又对车内的散热器、特制反光镜、时钟、特制的照明灯、椅垫的款式、驾驶座位、刻有他姓名缩写字母的特制衣箱等加以赞赏——他注意到了每个细节，对于我所付出的心血给予了极大的褒奖。他还特意让自己的夫人、秘书波金女士、劳工部长等人注意这些部件。他甚至嘱咐他的黑人司机，对他说：‘乔治，你可要好好照顾这些衣箱。’

“上完驾驶课程之后，总统对我说：‘好了，张伯伦先生，我已经让联邦储备委员会的委员们等我30分钟了。我想我应该回去工作了。’

“我当时带了一位机械师。这位机械师是一个很害羞的人，在我们说话的时候，他总是站在后面。尽管他自始至终没有和总统说过一句话，而且总统也只听我介绍过一次他的名字，但出乎意料的是，当我们离开的时候，总统特意找到这位机械师，并与他握手，还叫出了他的名字，对他来到华盛顿表示感谢。我能感觉出来，他的感谢一点都不做作，而是真心诚意的。几天之后，我收到了一张罗斯福总统亲笔签名的照片，照片后面还附有简短的对我的帮助表示感谢的言辞。作为一位国家元首，罗斯福总统怎么会有时间来做这样的事情呢？这真的让我难以置信。”

罗斯福总统何以给张伯伦先生如此深刻而美好的印象呢？当然不是因为他是国家元首，而是因为他给了别人一种被重视的感觉。为什么他能给人这种感觉？原因很简单：他非常尊重他们，并且记住了他们的名字。

在每个人的事业和商业交往中，记住别人的名字也很重要。

德克萨斯州商业股份有限公司董事长班顿拉夫有这样的感触：公司越大，人们之间的关系就会越冷漠。他认为，记住别人的名字，是唯一能使公司氛围变得融洽的办法。

洛克帕罗是加利福尼亚州一家航空公司的服务员，她经常训练自己记住旅客的名字，并注意在服务时叫他们的名字。这使得旅客感到很亲切。有的旅客会当面表扬她，而有的则会写信到公司表扬她。有一封表扬信这样写道：“我很久没有坐你们公司的飞机了。但是从现在开始，我决定以后只坐你们公司的飞机。你们亲切的服务让我觉得你们公司似乎是属于我个人的，这一点十分重要。”

大多数人常常不记得别人的名字，原因多数是他们没有注意到这件事情的重要性。现在，你既然已经知道记住别人的名字有多么重要，为什么还不花点时间和精力去做这件事情呢？拿破仑的侄子——拿破仑三世曾经说：“虽然我很忙，但是我不会忘记所听过的每个人的姓名。”

这不是因为他的记忆力很强，而是因为他的方法非常好。其实，他的方法十分简单。如果他没有听清楚对方的名字，他就会请求对方再说一遍；如果这个名字不常见的话，他会请求对方把这个名字拼写出来。而在谈话的过程中，他会将对方的名字反复记忆，并把它跟其长相、外表和其他特征结合起来。会见完的时候，他通常会把那个名字写下来，然后盯着它看很久，直到确认自己已经牢牢地记住了它才肯罢休。这样一来，当然记得很牢了。

这样看来，记住别人的名字的确需要花一些工夫，但是这显然是值得的。爱默生说过："礼貌，是由小小的牺牲换来的。"如果你打算融入这个社会，成为交际场上成功的人，这点牺牲又算得了什么呢？

所以，如果你想成为一位说话高手，请注意：记住别人的名字——这是别人听来最美妙的声音。这个小细节可以获得大成效，你应该不断提醒自己，记住别人的名字：

（1）叫出别人的名字比你费九牛二虎之力去做其他事情更加有效，它将是一件事半功倍的事情。

（2）在你的谈话中直接称呼对方的名字，这样不但会使你对这个名字更加有印象，而且能够拉近你们的距离。

（3）你要明白，记住别人的名字是一件十分重要的事情，这样你才会注意做这件事。

（4）如果你忘记了别人的名字，在下次见面之前，先通过一些途径打听到他的名字，并且把他记住。

使谈吐风趣幽默

▶ 幽默具有使人愉悦的神奇功效，在任何场合，拥有幽默的人总会赢得他人的好感，获得众多的支持和理解。幽默是一种最有趣、最有感染力、最具有普遍意义的传递艺术。

美国心理学家保尔·麦基认为，幽默感对于人的社交能力的发展起着举足轻重的作用。在交际场合，幽默的语言极易迅速打开交际局面，使气氛轻松、活跃、融洽。在沟通中，幽默的语言则如同润滑剂一般，可以有效地降低人与人之间的“摩擦系数”，化解冲突和矛盾，任何问题都能迎刃而解。

幽默感的内在构成，是悲感和乐感。悲感是幽默者的现实感，就是对不协调的现实的正视。乐感是幽默者对现实的超越感，是一种乐天感。悲感让幽默者可以鼓足勇气面对现实，正视人性的弱点。乐感让幽默者在别人或者我们自己的弱点面前产生“突然的荣耀感”，给幽默者以信心和勇气，在困境中树起胜利的风帆。

幽默是一种乐观豁达的人生哲学，只有超越了现实，才能俯视现实，淡定、从容地面对现实。积极乐观的生活态度，是培育幽默感的温床，悲观厌世的人是无法说出与幽默相关的只言片语的。

俄国著名寓言作家克雷洛夫生活穷困。他租了一间房子，房东要他在租房契约上注明，一旦失火，烧了房子，他就要赔偿1.5万卢布。克雷洛夫看了看租约，不动声色地在1.5万后面加了一个零。房东高兴地说："什么，15万卢比？"克雷洛夫大笑道："不管多少钱，我都赔不起。"

幽默是生活历练的一种折射，是智慧的产物，更是一种胸怀、一种境界。幽默的人，即使不会始终面带微笑，却能在举手投足间让人感受到快乐的气氛。没有人会拒绝和一个幽默的人交往，因为这本身就是一种对感官极大、极好的刺激，是一种美好的享受。幽默不是说几句玩笑话那么简单，更应该是幽默者的个人智慧和生活经验的一种综合展示，远远超出了引人发笑的高度。

英国文豪萧伯纳是个瘦子，这是尽人皆知的。一天，一位大腹便便的资本家用讥笑地语气对他说："先生，看到您，我就知道现在世界上正在闹饥荒。"

萧伯纳淡淡地回敬道："而我一见到您，就知道世界上为什么会闹饥荒了。"

马克·吐温在美国的密苏里州办报时，有一次，一位读者在他的报纸中发现了一只蜘蛛，便写信询问马克·吐温，看是吉兆还是凶兆。

马克·吐温是这样回答的："亲爱的先生，您在报纸里发现一只蜘蛛，这既不是吉兆也不是凶兆。这只蜘蛛只不过是想在报纸上看看哪位商人还没打广告，好到他家里去结网，过安静日子罢了。"

一天，爱因斯坦不慎跌倒了，一位路人笑道："您没有跌倒，而是地球倾斜了一下，用您的相对论理论解释刚才发生的事情，对吗？"

"我同意您的说法，可惜这两者的感觉对我来说没什么区别。"爱因斯坦答道。

一位青年作家向诺贝尔文学奖获得者海明威请教："您的作品语言简洁流畅，请问您是怎么做到的？"

"有时，我故意穿一件薄薄的衣服在凛冽的寒风中写作，冻得瑟瑟发抖；有时，我故意不吃饭写作，饿得肚子咕咕直叫；还有时我故意金鸡独立般写作，累得满头大汗、腿不停地发抖。为了尽量减少这些不愉快的感受，我不得不强迫自己少写些废话，这就是你想要的答案。"海明威诚恳地回答。

幽默的力量不容小觑，一些小幽默、一则小故事、一段小品文、一句警句或妙语，往往具有扭转乾坤的魔力，让人们心甘情愿地去做原本不想做的事情，接受原本不想接受的东西。如果我们想在社交活动中树立良好的形象，就必须运用幽默，得体的幽默会为你的魅力加分，请记住，是得体的幽默。不合时宜、与身份不符或失了分寸的幽默，往往会伤害感情，招致他人的反感。因此，什么样的幽默才符合得体的标准呢？

第一，内容高雅。

幽默的内容取决于幽默者的思想情趣与文化修养。粗俗或低级的语言虽然有时能博人一笑，但很快就会变得乏味。而内容健康、格调高雅的玩笑所产生的幽默，不仅能给对方启迪和美好的精神享受，而且也是对自己美好形象的一次重塑。

第二，态度友善。

与人为善不仅是做人的准则，也是幽默的标准之一。幽默的过程，应该是人们相互交流感情的过程，应该是快乐的，如果以开玩笑为借口对他人冷嘲热讽，就违背了幽默的初衷。受到侮辱的人必定会觉得颜面大失而针锋相对，最终甚至可能背道而驰。这样的人，哪怕真的才华横溢、能力非凡，也没有人愿意与其交往。

第三，看人说话。

受性格等多种因素的影响，每个人对玩笑的承受能力都不同。比如，有些玩笑能对同辈人开，但如果对长辈开了，就会被戴上“没大没小”的帽子；有些玩笑只能对同性开，如果对异性开了，就会引起不必要的麻烦；有些玩笑只能对性格外向的人开，如果对性格内向的人开了，就可能产生误会。

第四，看场合说话。

幽默不是要你在任何场合都表现得幽默，而应该根据不同的场合适时改变自己的行为。不合时宜的幽默还不如不幽默，很有可能让你陷入无尽的麻烦之中。比如，在庄重严肃的场合，就决不能开玩笑。

不看场合，随心所欲，信口开河，说话不经大脑，这是愚蠢者的表现。在不同的场合，面对着不同的人，不同的事，从不同的目的出发，用不同的方式说话，这样才能达到预期的目标。

仔细倾听他人的心声

▶ 人们都热衷于表达自己，鲜少有人愿意仔细听别人讲话。但是每个人内心又深藏一种渴望——都希望别人能够认真听自己说话。因此，认真倾听对方的谈话，成了对人的一种最高的恭维。

最近我在纽约著名的出版家格利伯举行的宴会上，遇到了一位著名的植物学家。我以前从来没有和植物学家交谈过，但是我觉得他具有极强的诱惑力。

我一直坐在椅子上，静静地听他介绍大麻、大植物学家玻尔本以及室内花草等。他还告诉我许多关于廉价马铃薯的惊人事实。由于我自己有一个室内小花园，所以我经常会遇到一些问题，因此他非常热情地告诉我如何解决我的问题。

我已经说过，我们这是在宴会中。当然，在座的还有十几位客人，但我违反了一般的礼节，没有注意到其他人，而与这位植物学家谈了好几个小时。到了深夜，当我向众人告辞的时候，这位植物学家转身面对主人，对我大加赞扬，说："卡耐基先生真是一个最富激励性的人。"然后他又极力称赞我在某方面这样这样，我在某方面那样那样……总之，他最后说我是一个"最有魅力的谈话家"。

一个有魅力的谈话家？我？可是我在这次交谈中几乎没有说什么话。事实上，如果我不改变话题的话，即使让我来说，我也说不出什么来，因为我对于植物学所了解的知识，就像对动物解剖学一样全然不知。

但是请注意，我已经做到了认真地倾听他的谈话。我专注地倾听着，因为我真的感兴趣。当然，他也察觉到了这一点，这显然让他很高兴。

可见，这种认真倾听对方的谈话，正是我们对他人的一种最高的恭维。类似的故事还同样发生在我的另一次聚会中。

那次，我应邀参加一次桥牌聚会。由于我不会打桥牌，就坐在一边。恰好我身边也有一位美丽的女士不会打桥牌，当她知道我在罗维尔·托马斯先生从事无线电广播这个行业之前，曾经担任过他的私人助理，而且我曾随同托马斯到欧洲各地旅行，由我来替他做即将播出的生动的旅行演讲时，她高兴地叫道："啊！卡耐基先生，你能不能将你所见过的旅游名胜告诉我？"

于是，我们在沙发上坐下来，她告诉我说，她同她丈夫最近刚从非洲旅行回来。"非洲，"我说，"这可是一个非常有趣的地方！我总想去看看非洲，但我除了在阿尔及利亚待过一天之外，没到过其他任何地方。告诉我，你到过野兽出没的国度，是吗？你真是太幸运了！我可真是太羡慕你了！请问你能告诉我非洲的情形吗？"

结果，我们那次谈话持续了45分钟。那位女士不再问我到过什么地方，也不再问我看见过什么东西。其实，她并不是真的想听我谈我的旅行，她所想要的不过是一个真诚的倾听者，她可以借此机会来讲她所到过的地方，以扩大她的自尊感。

她这样做很特殊吗？不，其实许多人都是这样的。例如，伍德福德在他的书《相恋的人》中写道："很少有人能拒绝那种带有恭维的认真倾听。"而我却比这还要更进一步。我告诉这位植物学家，我已经得到了极其周到的款待和指导，事实上我也感到如此。我告诉他，我真的希望自己能有他那么丰富的知识，而且我也确实希望如此。我还告诉他，我希望和他一起去田野中漫游，这也是我的真实希望。我还告诉他，我必须再见到他——我真的必须再见到他。就因为这样，才使得这位植物学家认为我是一个善于谈话的人。但我实际上不过是一个善于倾听的人，并鼓励他谈话而已。

善于倾听别人的话竟然会成为说话的高手，成为最受欢迎的人。这还不够，在商业会谈中被誉为“神秘的秘诀”，也正是“专心致志地倾听正在和你讲话的人”。至于成功的商业交往，并没有什么神秘的，没有别的东西比这更令人开心。

这个道理很明显，是不是？你根本不必去哈佛大学读书就能领悟这个道理。但是你和我也都知道这种情况：有的商人租用豪华的店面做生意，橱窗的设计也很到位，完全可以打动人心，他们还不惜投入巨资大做广告，可是他们雇用的服务员却不知道做一个倾听者。这些服务员甚至会打断顾客的谈话，反驳他们的观点，激怒他们，有的甚至还将顾客赶出去。

沃尔顿在新泽西州靠近大海的纽瓦克市一家百货商场买了一套西服。可是他穿上这套西服之后，却非常失望，因为上衣褪色，把他的衬衫领子都弄黑了。

于是，沃尔顿先生将这套衣服带回商场，找到售货员，告诉他有关的情况。可是他还没有说完，就被对方打断了。

“这种衣服我们已经卖出了好几千套。”这位售货员反驳说，“你还是第一个来挑毛病的。”

这是售货员说的话，而他说话的声调听起来比这更让人难以接受。他那满是火药味的声音好像在说：“你说谎。你想欺负我们，是不是？那好，我可要给你点颜色看看。”

正在两个人吵得不可开交的时候，另一个售货员加入进来。他说：“所有的黑色衣服起初都会褪颜色的，这是很自然的事。这种衣服就这种价格，当然会那样。那是颜料的关系。”

“到这时候，我再也不能忍受了，顿时火冒三丈。”沃尔顿先生说，“第一个售货员怀疑我的诚实；而第二个却暗示我买了一件低档货。我当时就恼火了。我正想骂他们，这时售货部经理走了过来。显然，他很懂得自己职务的重要性，也正是他完全改变了我的态度，使我由一个恼怒的顾客变成了一位满意的顾客。”

他又是怎么做的呢？“他首先是静静地听我从头至尾讲了一遍经过，没有插一句话。在我说完之后，那两个售货员又想说他们的意见，但是这位经理站在我的立场，反驳了他们。他不仅指出我的领子显然是被西服弄脏的，并且坚持说如果商品不能让顾客满意，他们商店就不应该出售。最后，他承认他不知道毛病的原因所在，并坦率地对我说：'你希望我如何处理这套衣服？你说什么我们都可以努力做到。'

"几分钟以前，我还想让他们将那套衣服留给他们自己，但我现在回答说：'我只想听听你的意见。我想知道这种情况是暂时的，还是毫无解决的办法。'于是，他建议我将这套衣服再穿一个星期。他说：'如果到时候你仍不满意的话，我们一定换你一套满意的。这样给你添麻烦，我们非常抱歉。'

"我满意地走出了这家商店。一星期后，这套衣服再也没有什么毛病，我对那家商店的怒火也完全消失了。

"你看，那位管理员之所以当上售货部经理，正是因为他深谙说话的艺术。而至于他的两位下属员工，我认为他们应该终身停留在店员的地位。哦，不，他们应该降到包装部去，永远也不要和顾客打交道。"

这就是为什么同样的问题，由不同的人来解决竟然出现不同结果的原因。问题的关键就在于你是否是对方忠实的观众。

喜欢挑剔的人，甚至那种最激烈的批评者，也常常会在一个有忍耐心和同情心的倾听者面前，变得态度软起来。当怒火万丈的寻衅者像一条大毒蛇张嘴咬人的时候，这位倾听者应当保持缄默，而且只是认真地倾听他的谈话。

纽约电话公司在几年前不得不想办法去安抚一位曾凶言恶语咒骂接线员的顾客。他那可是真的咒骂。他骂起来有些歇斯底里，甚至威胁要毁掉电话线路。他不仅拒绝支付某些费用，认为那是不合理的，还写信给各家报纸，还多次向公众服务委员会投诉，并好几次向法院起诉这家电话公司。最后，电话公司派了一位经验丰富的调解员去见这位喜欢找麻烦的顾客。

这位调解员到了这位顾客家中之后，没有说任何话，只是静静地听他说话。无论对方说什么，他都静静地听着。这位电话公司的调解员认真地倾听着，并不断说"是"，同情他的冤屈。

“他继续毫无顾忌地说他的话。我静静地听了将近3个小时，”这位调解员在我的培训班上叙述他的经历时说，“以后我又多次去他那里，并再静静地听他诉说。我总共见过他4次，而在第4次访问即将结束之前，我已经成为他正在创办的一个组织的主要会员了。他将这个组织称为‘电话用户权益保障会’。我现在仍然是这个组织的会员。然而，除了这位老先生之外，据我所知，我是他这个组织唯一的会员。”

“后来，”这位调解员说道，“在这几次拜访中，我始终都是倾听他谈话，并且赞同他所谈的任何一件事。以前从来没有电话公司的人像我这样和他谈话，这使得他变得几乎友善起来。我在第一次访问他时，并没有提到见他的目的，在第二次、第三次，我也没有提到我的目的。但在第四次，我使这个问题有了完美的结局——老先生将所有的欠费都付清了，并使他自从与电话公司作对以来，第一次撤销了他向公众服务委员会的投诉。”

显然，这位老先生自认为是在为公益而战，是在保障公众的权利，不愿意无情地被剥夺，但他实际上是在追求一种自重感。他先是通过挑剔和抱怨来得到这种自尊感，一旦他从电话公司的代表那里得到了自重感时，他那所有并不真实的冤屈立即消失了。

所以，如果你希望自己成为一个善于谈话的人，首先就要做一个善于倾听别人的人。要使别人对你感兴趣，首先就要对别人感兴趣。要做到这一点其实并不难，你不妨问问别人一些他们喜欢回答的问题，鼓励他们开口说话，说说他们自己以及他们所取得的成就。

千万不要忘记，那个正在与你谈话的人，只会对他自己、他的需要、他的问题最感兴趣，这要比对你及你的问题胜过上百倍。倾听比倾诉更容易，也更得人心。

第十章 婚姻与爱的艺术

让你的爱变得成熟

▶ 爱不是强迫，而是肯定。爱不是索取，而是付出。真正地爱一个人，便愿意为了他付出一切，一如爱你自己一样。爱不为利益，爱就是最大的利益。衡量一个人是否具有完全人格的标准，就是看他是否能够付出和接受成熟的爱。

爱是世界上人们谈论最多，也是最难弄明白的课题之一。艺术家可以通过爱来激发创作灵感，爱也被认为是婚姻幸福和家庭美满的基础。失去或缺乏爱，会导致人格破碎或影响人格的正常发展。

我们大多数人对爱的理解都是狭隘的、偏激的，而且都局限于家庭或性关系的角度，同时还常把这种情感与占有、自负、姑息、依赖等混为一谈。

直到最近，爱才被人们定性为一个严肃的科学课题。如今，情况发生了转变。许多心理学家、医生和科学家开始投入大量的时间、精力来研究和思考“爱”的问题，把爱看作是人类的基本需求和从未探索过的影响人类事务的力量源泉。因此，我们发现对于爱的一些传统观念必须要修正和扩充了。

爱跟成熟到底有什么关系呢？让我们来看看罗洛·梅伊博士在最近的新书《人的自我追寻》中发表的意见：“衡量一个人是否具有完全人格的标准就是看他是否能够付出和接受成熟的爱。”

梅伊博士还认为一般人对爱的理解很幼稚和暧昧，所以大多数人还达不到这个标准。

如果一个女人把自己的一生都献给了丈夫和子女，几乎与世上的一切完全隔绝，并不能说这个女人伟大，只能说她的占有欲强于她的爱。她不明白，爱的真谛不是局限，而是延伸。如果一个男人崇拜一个女人到再也找不出另一个女人能与她相提并论的程度，也不表明这个男人就是个“有爱心的”男性典范。这只说明他的感情发展受到了限制，以至于强迫自己停留在婴儿时期的依赖状态。他不知道依赖不是爱。

如果我们先搞清楚什么不是爱，那么对于理解那种促使人格趋于完善的成熟或许会相对容易些。

首先，爱并不等同于电影中玫瑰加香槟式的浪漫故事，也不等同于作家笔下关于性剥削的激情。要知道，爱不只是年轻貌美者的专利。

泌尿科专家、美国婚姻顾问协会主席亚伯拉罕·斯通博士是这样指导我们的，我们所谓的“我爱”的真实含义通常是“我要”、“我渴望拥有”、“我从……中获得满足”、“我利用”，甚至“我深感罪恶”。这些被科学家们称为“假爱”。

很多家长把“爱”作为放纵孩子的借口。而事实上，他们只是在溺爱孩子，这对孩子的成长根本不利。纽约杜布斯波克的儿童村，近年来一直致力于重新训练需要指导的问题儿童。机构的理事哈洛德·史泰龙说：“每天我们都要处理一些父母们因混淆‘爱’与‘姑息’而造成的伤害事件。”

有很多父母时常因为女儿想要嫁到某个遥远的地方而对女儿的婚姻产生抱怨。有一个母亲曾这样悲哀地说道：“简为什么非要找一个那么远的男人结婚，你说她要是找个本地的该多好啊，这样我们也能经常见到她了。唉！我们为她奋斗了一辈子，而她却这样答谢我们，非把自己嫁到千里之外的地方！”如果你对这个母亲说她这样做不是真正爱自己的女儿，她一定会惊讶不已的。她不知道，她把占有和满足自我跟“爱”搞混了。

爱的真谛不是紧紧抓住自己所爱的人不放，而是给他自由，任他飞。作家普瑞西拉·罗伯逊在《竖琴家》杂志上曾这样给爱下定义：“爱，就是给你所爱的人他所需要的东西，为了他的利益而不是你自己的。用心想想别人把你所需要的东西送到你手里时的感受。爱不是所谓的‘家长主义’的剥削和专制，爱包含给予孩子他们所需要的独立。爱也包含各种性关系，但并不是对自负或青春的狂乱追求的那种性格的利用。我的定义还包含你给予那些曾经让你知道自己是哪种人、你会成为哪种人的少数几个人——老师或朋友的爱；它亦包含善良——对整个人类的关怀，而不是把石头投给一个需要面包的人，或者在他不需要面包而需要理解时却硬塞给他面包。”

爱不是强迫，而是肯定。如果我们的内心充盈着占有、嫉妒和支配这些因素时，那么我们对他人真实的爱就会消失。如果我们任由荒草蔓延而不及时清理，即便是最美丽的花园，也一样会荒芜。

当你像爱自己一样对别人付出爱时，一定会得到爱的反馈。纽约市的罗瑞就对这一点深信不疑。

罗瑞原本是一家工厂的老板，却突然遭遇了变故——在毫无征兆的情况下，工厂被两个生意人用所谓的法律手段夺走了。当时，他被惊呆了，咨询律师无果后也只能听天由命。他将此事告知了所有的员工，并且依依不舍地和他们道别。

但新老板接收工厂时，一件意外的事情发生了：尽管新老板承诺满足他们的一切条件，但所有的员工都毫不犹豫地辞职了。就算无法领到救济金，员工们也不愿再回工厂做事。

新老板和员工们陷入了僵持，五个星期后，工厂竟然奇迹般地回到了罗瑞的手中。更让他欣慰的是，第二天一早，所有的员工都回来上班了。

每当回忆这段往事时，罗瑞总是激动不已，他说：“在失去工厂的那一刻，我难过得简直想一死了之。我变得一无所有，唯一拥有的只是员工和我之间真诚的尊重和理解。在危难关头，他们对我如此忠诚，工厂才会重新回到我手中。我永远无法忘记他们对我的爱，对我来说，我们之间已经不再是老板和员工的关系，而是朋友关系。”

中国有一句老话，叫“人非草木，孰能无情”。当你真正地爱一个人，并愿意为了他付出一切，一如爱你自己一样，就一定会得到他的尊重和喜爱。如果每个人都能为别人付出真挚的爱，那么我们的世界将会变得更加美好。

爱不能没有细心

▶ 婚姻生活是由诸多小事和细节构成的，不重视生活细节，婚姻就会出现问题。很多人之所以会婚姻破裂，起因并非是什么重大的事件，而是一些芝麻蒜皮的小事。因此，在爱的时候，一定要细心。

很多男人不注意在细节上关心自己的妻子，于是爱情就在这些细节的地方消失了。

一直以来，鲜花就是爱情的象征。它们不贵，购买也很方便，但是，却很少有丈夫记得下班回家给妻子买花，哪怕是便宜的水仙。

不要到她生病住院的时候，你才想起来买花给她。平常你完全可以买花送她，效果就是不一样。百老汇的大忙人乔治·柯汉每天都记得给妈妈打电话，虽然并不是总有话对她说，他仍要通过这样的方式表达对母亲的关心。他的母亲自然觉得很幸福。

女人通常很看重自己的生日和结婚周年纪念日，这就是她们这个物种的特点，没有人知道她们为什么喜欢这些日子。很多男人一辈子记不住几个纪念日，但有两个日子一定要记住，那就是妻子的生日和他们的结婚纪念日。

芝加哥的一位法官约瑟夫·沙巴斯，他曾处理过4万件婚姻危机的案子，并使2000对夫妻和好如初。他说："很多夫妻的矛盾是由于疏忽了细节，如丈夫上班时，妻子不记得跟他说再见之类的细节。"

著名的诗人夫妇劳勃·伯朗宁和伊丽莎白·巴瑞特·伯朗宁，他们的结合可能是有史以来最美妙的婚姻了。无论他多忙，都不会忽略细节上的关心和赞美。是他的爱，让残疾的她自豪地说："我觉得我就是位天使。"

很多男人意识不到在细节上关心的重要性。盖诺·麦德斯在《画报评论》上说："美国家庭需要搞一些好玩的新鲜事，比如说在床上吃饭，可能会很讨她的欢心。"婚姻本身就是由一桩桩小事和细节构成的，不重视细节，婚姻就会出现问题。艾德娜·文森特曾作诗说："爱情消失了，从一个个细小的细节中渐渐地消失了。"

加拿大安大略的杰克·杜蒙先生曾经给我寄了一封信，对我说了一些他对婚姻生活的感悟。他在信中说道：

我好不容易娶了一位理想中的妻子，她聪明、美丽，而且温柔，可以说是完美女人的化身。结婚之后，为了使我们的家庭更加幸福，我开始把几乎全部的精力放在了我的工作上，所以事实上把维持婚姻和家庭幸福的任务全部交给了我的妻子。

一开始，我并没有觉得有什么不妥，只是感到我的家庭生活并不像想象中那么幸福。妻子常常跟我吵架，但是用不了几个小时，我们就会和好。对这样的事情，我并没有放在心上。但是一天，我那刚满4岁的儿子突然对我说："爸爸，你不喜欢妈妈吗？我觉得她很好啊。"他那么说好像我是一个大坏蛋似的。他的话让我突然体会到"妈妈"这个词的分量，然后我也体会到她作为"妻子"的分量。我当然是很爱我的妻子的。她一直默默无闻地为我们这个家做着很多事情，而我却没有任何表示。

每天回家之后，我吃着她精心做的可口的晚餐，把一天的疲倦都驱散掉；第二天又穿着她洗烫的衣服，精神抖擞地去上班。我觉得这一切都是应该的，一切都很自然。可能在我妻子的心里，在某些时候，也会有和我儿子一样的想法：难道杰克不再爱我了吗？难道我做错了什么吗？她会产生这些想法，都是我的过错。我虽然是爱她的，但是我却不能原谅自己。在过去的5年里，她从没有体会到什么是幸福的家庭生活。

于是我找了一个合适的机会，邀请我的妻子参加只有我们俩的约会，并且跟她谈了一次心。我非常郑重地告诉她，我很爱她，就像以前一样，但是我在之前却做了许多傻事，并请求她的原谅。我的妻子原谅了我，她也把自己的一些想法告诉了我。她的想法原来跟我料想的一样，她的确存在过我不再爱她的疑虑。她对我说，作为一个妻子，她却不能完全了解和信任她的丈夫，这使她十分愧疚。

那次谈话之后，我们的婚姻生活发生了明显的变化，我的妻子显得比以前快乐多了。因此，以后我又经常找时间跟我的妻子谈心，每个星期至少一次。谈心确实使我们的婚姻保持了活力，我们现在跟刚结婚的时候是一样的。

爱情往往就毁在日常生活中的琐碎小事上。很多婚姻的破裂，正是那些琐碎的小事导致的，而不是那些触礁般的大事件。

雷诺有好几家法庭，每周有6天时间开庭办理结婚和离婚手续，来办理离婚的人数竟然是办理结婚人数的十分之一。他们离婚的原因，只有很少是因为不可调和的大矛盾。而他们分开的最重要原因，就是忍受不了鸡毛蒜皮的小事。他摘录下这段话，把它放在比较显眼的位置，为的是便于自己常常看到：

稍不注意，很多宝贵的东西就从我们手中溜走了。因此要及时做对人有益的事，及时表达你对别人的关心。不要等待，及时去做，不要让它们趁我们疏忽的时候溜掉。

随时表达你的温柔

▶ 如果遇到冲突，为了爱，要学会尊重和谦让，尤其要学会表达你的温柔。幸福的婚姻只属于那些心灵成熟、了解自己、善于和他人建立良好的关系，而且任何事情都能为他人的幸福着想的、富有责任感的人。

在婚姻的殿堂上，我们听到了那熟悉的婚礼仪式用语："从此以后，不论更好或更坏，贫穷或富有，疾病或健康，你们都会彼此相爱，一直到死亡的那一天。"然而，在这此后的生活中，我们却发现这种誓言并不可信。我们知道了，即使在我写下这些文字的这一刻，也有无数的家庭正在争吵，有无数的男女正在伤心。如果我们把视野放得更加宽广的话，可以把我们的观察结果变成一句话：有人的地方就有矛盾和冲突——家庭自然也不会例外。

虽然这个结果可能听起来让人有些沮丧，但是却大可不必如此。能够和和气气、相亲相爱当然好，但是即便有一些冲突，也会使我们的婚姻生活变得更加有意思。冲突是由不同的意见、不同的观察角度甚至不同的解决办法所引起的，而拥有亲密关系的夫妻也自然会存在这方面的问题。

也许你觉得你的妻子不化妆的话看上去可能会更加舒服，你想让她接受你的观点，但不幸的是，她坚持认为自己化妆后更加动人，甚至认为不化妆就会感觉不自信，结果两个人争论不休。当这样的家庭冲突产生的时候，我们会想办法去处理，同时，我们总是希望两个人都对这个处理结果满意——从这一点来看，关于化妆这个问题，上面一开始的解决办法是不恰当的。面对生活中这些不可避免的冲突，我们应该如何解决呢？

我所提倡的方法是，你不能用强迫的语言去说服对方或者命令对方做任何事情——就像我前面所提到的那样，因为这样做的结果只会对你们不利。

我想很多人都听过这个古老的故事。风因为想证明自己比太阳强大，于是对太阳说："我比你强大多了，这一点我可以轻易地证明给你看——我能很快地脱去那个人的衣服。"风让太阳躲起来，自己开始施展威力。但是，风刮得越大，那人把自己的衣服裹得越紧。

最后，风不得不放弃了它的努力。这时，太阳从乌云后面出来，晒得人身上暖洋洋的。那人开始出汗了，于是把外套脱了下来。

太阳对风说："温和的力量，永远都比强迫的力量更加强大。"

确实，强迫经常不能达到目的。有一句古话说："你无法用一把枪去套住一个男人。"当然，这样说可能有些片面，因为你也无法用一把枪套住一个女人。它的意思是，你不能强迫你的妻子或丈夫去做什么事情。如果你不在乎什么影响，比如给你们的家庭带来裂痕，那么我无话可说。

不久前，我跟一位大企业的总裁单独进行了一次交谈。他是一位年轻的成功人士，因为工作十分出色，他的相片经常出现在美国各大报纸显要的版面上。一开始交谈的时候，他一直非常兴奋，但是当我们谈到他那位美丽的妻子的时候，他却开始愁眉苦脸、唉声叹气。

"唉！"这位总裁先生说道，"我的妻子总是不理解我。我给了她需要的一切东西，希望她能够变得更加有教养和有素质，但是她非但不感激我，还好像对我的行为十分不满。"

"你是怎么做的呢？"我问他。

"哦，"总裁回答道，"我想送她去纽约大学念书——我认为这是她急需做的事情。我打算送她去那里读一年书，然后跟我一起管理公司。"

据我了解，他本人受教育程度很高，精通企业管理的知识，更加重要的是，他对这项工作十分感兴趣。但是我并不知道他是否确定他的妻子也跟他一样对企业管理有很浓的兴趣。我向他问起了这个问题。

“毫无疑问，”这位先生非常肯定地说，“她既然跟我结了婚，并且和我一起生活了将近5年，她怎么会对这些不感兴趣呢？”

我虽然并不能肯定他的判断是错的，但是我知道，他的妻子之所以对他的决定不满意，一定会有兴趣方面的原因。和大多数人一样，这位先生也犯了一个十分容易犯的错误，那就是他仅仅依据对方是他的妻子这个事实，就判定他们有着相同的兴趣和爱好。

因此，他是在强迫他的妻子接受他的建议——这时候似乎变成了一种命令。如果用我以前提到过的道理来分析的话，即使他的妻子原来想听从他，但是当她发现自己是在被命令之后，她也会无意识地产生一种反抗的心理。

这样的道理不一定只有心理学家或婚姻专家才知道。那些过着幸福生活的人们，都懂得这样的道理，他们从不对自己的妻子或丈夫使用强迫性的语言。他们从不说“你应该怎么做”或者“你不应该这么想”，而是用更加巧妙的方式表达自己的观点。

强迫性的语言似乎无时无刻不在上演。大多数人都对他的顾客小心翼翼，生怕说错一个字，但是面对妻子的时候却大吼大叫，像一个暴君一样。他们总是习惯于指使自己亲密的爱人怎么去做事、怎么去说话。无怪乎迪克斯说：“说伤人的话最多的，就是我们的家人，这的确让人吃惊。”奥利弗·哈姆斯在他的《早餐的独裁者》一书中描述的就是这样一种情境。但是哈姆斯本人却并不这样，他从不让妻子看自己的脸色，即便心情不好，他也不迁怒于人。

桃乐斯·迪克斯曾经评论说，有半数以上的婚姻都是失败的。依她看来，婚姻失败的很大一部分原因都与强迫性的语言有关。她提出疑问说：

“让太太们感到疑惑不解的是，既然他们完全可以采用温和的手段取代强迫，为什么他们不能够更加温婉地对待太太们呢？

“男人明明知道，奉承可以使太太不顾一切地去做任何事情：他知道，只要称赞太太管家有方，她就会把自己的最后一分钱都贴补家用；他知道，只要赞美太太穿上去年买的过时的衣服非常漂亮，她就不会去想巴黎的高级时装；

他知道，他的亲吻能够让太太宁愿自己的眼睛变瞎、喉咙变哑。这一切方法，太太已经毫无保留地告诉他了，可是他为什么却好像一点儿都不知道呢？”

身为男人，我可以肯定地告诉妻子们，这些方法同样适应于她们。因此，为了家庭的幸福，所有人都应该放弃使用强迫性的语言，因为我们都知道，这种强势的态度永远不会让对方屈服的。

注意下面几个要点：

（1）尊重对方，平等沟通，不使用强迫性语言。

（2）记住，在丈夫和妻子之间，没有人是处于领导地位的。

（3）不要认为你们的冲突是绝对的，实际上，就没有绝对的冲突，关键是解决冲突的方法要恰当。

（4）不要为无谓的小事而大发脾气，不一定非要在小事上争出胜负，这绝对是毫无意义的行为。

别让唠叨侵蚀你的爱

▶ 在所有地狱魔鬼所发明的邪恶的毁灭爱情的计划中，喋喋不休是最致命的。不要以为你的喋喋不休是基于爱，事实上，那只会毁了爱。你能想象一只蚊子或苍蝇在耳边不断叫唤的感受吗？那真的令人厌烦！

日本人针对婚姻生活不美满的原因进行了调查，结果发现丈夫对妻子不满的因素中，位居前三位的依次是：唠叨不休（27%）、性格不好（23%）、不懂得持家（14%）。也就是说，导致人们婚姻不美满的很大一部分原因是女士的唠叨不休。

拿破仑三世爱上了全世界最美丽的尤琴·德伯女伯爵，并娶她为妻。他的顾问们认为，她不过是一位不重要的西班牙伯爵的女儿。但拿破仑三世辩答说："那又怎么样？"她的优雅，她的青春，她的诱惑，她的美貌，使他充满了神仙般的幸福。"我已经喜欢了一位我所敬爱的女人，"他说道，"她不是一位我不了解的女人。"

拿破仑三世和他的新婚妻子拥有健康、财富、势力、名誉、美貌、爱情与信仰一切幸福的条件，但是，他们婚姻的圣火从未发出过更加光亮的炽热。而且没过多久，那炽热的圣火就熄灭了，直至化为灰烬。拿破仑三世可以使尤琴成为皇后，可以倾尽美丽的法国的所有，或献出他爱情的全部力量，甚至他皇位的势力，但他无法做到一点：无法使他的女人停止喋喋不休。

出于嫉妒和多疑，尤琴轻慢他的命令，甚至不许他有秘密。正当他从事国政的时候，她闯入他的办公室，阻挠他最重要的讨论。她拒绝他独处，永远怕他与别的妇人交往。她常常到她姐姐家抱怨她的丈夫。抱怨、哭泣、喋喋不休，甚至恫吓，并强行进入他的书房，向他发作、谩骂。

拿破仑三世，这个法国的皇帝，纵然有许多富丽堂皇的宫殿，但却不能找到一个小橱，以让自己在那里安定自己的心。尤琴如此而为所造成的后果是什么？在莱因哈德精心著作的《拿破仑三世与尤琴：一个帝国的悲喜剧》一书中就有这段记载："以后拿破仑三世常在夜里，从一侧门偷偷地出去，戴一软帽，将眼遮起，由一亲信随从，真的前往等待他的美女那里去，或像古时似的遨游于这大城中，见些见不到的东西，吸些可能吸的空气。"

而这一切都是喋喋不休的尤琴所造成的。她坐在法国的皇位上，又是世界上最美丽的妇人；但在喋喋的气氛之中，皇位与美貌都不能保持爱情的存在。这是她自己找来的，可怜的妇人，由她的嫉妒及唠叨所带来的。

在所有一切烈火中，地狱魔鬼所发明的狞恶的毁灭爱情的方法中，喋喋不休是最致命的。它像毒蛇的毒汁一样，永远侵蚀着人们的生命。

托尔斯泰伯爵夫人也发现了这一点——可惜她知道的太迟了。在她去世以前，她对她的女儿们承认："你们父亲的死，是因为我的缘故。"她的女儿们都痛哭了起来。她们知道母亲说的是实话，知道是她用不断地抱怨、永久地批评、不休地唠叨将父亲害死了。

托尔斯泰伯爵及其夫人理应因享受优越的环境而快乐。托尔斯泰著名的《战争与和平》和《安娜·卡列妮娜》在世界文学史上永远闪烁着光芒。他非常有名望，他的崇拜者甚至终日跟随他，将他所说的每句话都速记下来。甚至连"我想我要就寝"这样的话也一字不漏地记下。除名誉外，托尔斯泰与他的夫人还有财产，有地位，有孩子，没有别的婚姻比这更美满了。

起初，他们饱尝幸福的甜蜜，以至他们一同跪下，祈祷万能的上帝继续赐予他们所有的快乐。但是此后的不久，一件惊人的事情发生了，托尔斯泰渐渐地像变了个人似的。他对他所著的伟大著作感到羞辱。从那时起，他专心著作小册子，宣传和平、停止战争与消灭贫穷。他承认在青年时曾犯过各种罪恶，为了赎罪，他将所有地产给了别人，自己过着贫苦的生活。他种田、砍木、堆草。他自己做鞋，自己扫屋，用木碗吃饭，并尽力爱他的仇敌。

托尔斯泰的人生是一个悲剧，而悲剧的原因，是他的婚姻。他的妻子喜欢奢侈，但他追求简朴；她渴求名誉与社会称赞，但这对他毫无意义；她贪图金钱与财产，但他视财富及财产是一种罪恶。多年的时间里，她常常责怪叫骂，因为托尔斯泰坚持要放弃他的书籍出版权，不收任何版税；而她要那些书能产生金钱。当他反对她，她就发狂地躺在地上打滚，并拿一瓶鸦片放在嘴边，声称要自杀，还恫吓要跳井。

在他们的人生中，有一件事是历史上最悲惨的一幕。在他们最初结婚的日子里，他们非常快乐；但48年以后，他不能忍受与她见面。有时晚上这位年老伤心的妻子，基于求情，跪在他的膝前，求他朗读几十年前他在日记中所写的关于她艳美的爱情之语。当读到那些他们已永远失去的美丽快乐的时光时，他俩都痛哭了。生活的现实与他们好久以前一并所做的爱情之梦是何等相异。

最后，82岁的托尔斯泰不能再忍受他家庭的不幸了，于是在1910年10月的一个雪夜中，从他妻子那里逃了出去——在寒冷黑暗中漫无目标地走着。11天后，他患肺病死在一个车站上，他临死的请求是不要让她来到他的面前——这也许是托尔斯泰夫人因唠叨抱怨所付出的代价。

也许我们会想，或许她确实有许多事可以唠叨。我们可以这样去想，也可以承认这一点，但问题是，唠叨给了她什么好的帮助呢？“我想我真是神经失常。”那是托尔斯泰伯爵夫人后来对自己的评价。

在纽约家事法庭任职11年之久的海勃格，曾查阅过数千宗离婚案件。他说：“男人离家的一个主要原因就是因为他们的妻子们喋喋不休。”也许婚姻正像《波士顿邮报》所说的：“许多做妻子的，不断地一点一点地挖掘，造成她们自己婚姻的坟墓。”

林肯一生中最大的悲剧，也是他的婚姻。在婚后23年来的每一个白天和黑夜，林肯是什么处境呢？正像他律师事务所的同事赫恩所说的，是“婚姻不幸的苦果”。

其实，说“婚姻不幸”还是过于轻描淡写了，因为林肯的夫人这20多年来一直在对他喋喋不休，让他难得安宁。她总是抱怨一切，总是批评自己的丈夫。她数落他走路没有弹性，姿势不优雅。她会模仿他走路的样子来讥笑他，并纠正他走路时应先将脚尖着地，就像她从克莱星顿市孟德尔夫人的寄宿学校学到的那样。她还不喜欢他那两只大耳朵和他的头长成直角的模样，甚至告诉他，说他的鼻子不直，嘴唇前突，而且外表看上去像个痨病鬼，手和脚太大，而头却又太小，等等。

林肯和他的夫人几乎在每个方面都完全相反——教育、背景出身、性格、爱好以及思想观念上，全都是相反的。他们常常会厌恨对方。

“林肯夫人那高而尖锐的声音，”当代最著名的林肯研究权威专家、已故参议员阿尔伯特·贝弗里奇说道，“在街的对面都能听得见。她怒气最盛时的不停责骂声，所有邻居家都能听到。而且她的暴怒常常不只是通过言语来表达，她发泄暴怒的方式真是太多了，难以一一道清。”在此，我们列举他们生活中的一则案例来说。

林肯夫妇结婚不久，和欧莉夫人住在一起——欧莉夫人是斯普林菲尔德地区一个医生的遗孀，由于生活所迫而不得不出租房屋维生。一天早上，林肯夫妇正在吃早餐时，林肯可能做错了某件事，立即使他夫人暴跳如雷。究竟是为什么，现在已经没人记得了。只见林肯夫人在盛怒之下，将一杯热咖啡泼到了丈夫脸上，而当时还有许多房客在场。

林肯忍气吞声地呆坐在那里，一言不发。欧莉夫人进来后，用一块湿毛巾替他擦净了脸上和衣服上的咖啡。

林肯夫人的行为是如此的愚蠢和凶暴，以至于让人难以相信。我们只要读到她在公众场合所做的这些有失风度的事情——即使是在多年后的今天看到这些——也都会让人惊讶不已。最后她终于精神失常。对于她这个人，我们用一句最宽容的说法，只能认为她是“性情使然”，她大概一直受到精神病的折磨。

所有这些唠叨、斥责和发怒，是否改变了林肯呢？从某些方面来说，确实使林肯有所改变，那就是改变了他对她的态度，使他后悔自己婚姻的不幸，并竭力避免和她见面。每当星期六来到时，其他律师都会尽量赶回家中，和家人共度周末的美好时光。林肯却不想回去，他害怕回家。林肯就这样年复一年地生活。尽管乡村旅馆的条件非常恶劣，但林肯也情愿待在这里，而不愿回家面对他妻子那喋喋不休的话语。

这就是尤琴皇后、托尔斯泰伯爵夫人、唠叨不休所获得的结果。她们给自己的生活所带来的，除了悲剧之外，什么也没有。她们毁坏了对她们来说最珍贵的一切。

真的，唠叨和挑剔带给家庭的不幸，甚至比奢侈和浪费还要厉害。关于这一点，你可以不必马上相信我的话，还是先听听专家的话吧。

莱伟斯·M.特曼博士是一位著名的心理学家，他对1500多对夫妇进行了详细地调查研究，结果显示，丈夫们都把唠叨、挑剔列为他们太太最大的缺点。盖洛普民意测验也得出了相同的结论：男人们都把唠叨、挑剔列为女性缺点的第一位。詹森性情分析——这是另外一个著名的科学研究——也发现没有其他的个性会像唠叨和挑剔那样，给家庭生活带来这么大的伤害。

然而，似乎从远古的穴居时代开始，太太们就想尽办法要用唠叨和挑剔的方式来影响自己的丈夫。但是从古至今，这种方法从没有发生过效用——除非太阳从西边出来。

一位老朋友告诉过我，他太太总是轻视和嘲笑他所做过的每一项工作，他的事业几乎要被他的太太毁掉了。刚开始的时候，他是一位推销员，他喜欢自己的产品，并且很热心地向人们推销这些东西。当他晚上回到家的时候，本来很希望得到太太的一些鼓励，但是他太太却用这些话来迎接他："好啊，我们的大天才，今天的生意不错吧？你带回来不少佣金了吧？或是只带回来推销部经理的一番训话？我想你一定知道，下个星期我们就要付房租了吧？"

这种情况接连持续了好几年。虽然不时受到太太的嘲笑，这位男士还是坚持努力奋斗。现在，他已经在一家全国著名的公司担任执行副总裁的职务了。

至于他那位太太呢？噢，他早就和她离婚了，又娶了一位年轻的、能够给他爱心和支持的女孩，而这正是他第一位妻子所不能给他的。

事实上，他的第一位太太并不知道自己为什么会失去丈夫。“我省吃俭用，吃了这么多年苦，”她告诉她的朋友，“结果，当他不再需要我为他做牛做马以后，他就离开我，去找比我更年轻的女人了。男人竟然会是这样！”

如果有人告诉这位女士，使她丈夫离开她的并不是另外一个女人，而是她自己的唠叨和挑剔，想必这位女士一定不会相信的。但这的确是她先生离开她的真正原因。她以一种轻视的方式来唠叨和挑剔——而这对于男人的自信心和自尊无疑是一种长期的打击和折磨。

唠叨是一种疾病。诉苦、抱怨、攀比、轻视、嘲笑、喋喋不休——喜欢唠叨和挑剔的女人，在这些残酷的待人方式之中，如果不是专精于其中某一项，就会变成兼而有之的全能“专家”了。唠叨就像麻醉药，你学不来，也改不掉，它是在习惯中养成的。女孩子在20岁当新娘的时候就常常唠叨，那么等她到了40岁的时候，她一定会变成一个无可救药的、对任何事情都难以满足的、毫不可爱的抱怨专家了。

弗吉尼亚大学教授沙姆·W.史蒂文博士在最近的一次演讲中，呼吁美国的丈夫们应该享有四种新自由：免于被唠叨和挑剔的自由，免于被呼唤支使的自由，免于消化不良的自由，以及在一天的繁忙工作之后换上旧衣服放松放松的自由。

为什么女人要对她们的丈夫唠叨不停呢？理由还真不少。有时候，唠叨是一种身体不舒服的症状。经常找医生做定期的健康检查，可以使我们身体健康，这就像定期检查汽车，使它们能够保持良好的驾驶性能那样。

长期的疲乏，常常会转变成一种喜爱唠叨的倾向。最好的治疗方法是，把你个人的生活安排得更有效率，找出造成疲乏的原因，并且消除它。心理学家分析说，人受到压抑和打击常常会变得唠叨。婚姻问题、性的挫折、爱的失落，以及内心对生活的不满——这些都是人生中沉重的打击，女人常常会以唠叨、埋怨或诉苦的方式发泄出来。分析一个人的心理，找出这些挫折，并且引导它们使之发泄出来，这就是消除它的最好方法。而用唠叨的方式来发泄不满，只不过是在火上加油。

有不少的事例都说明了唠叨不休对婚姻的破坏作用。《电信世界》中曾经有一篇文章报道了这样一件看起来很离奇的事情：一个已经50岁的维修员一连雇用了三名杀手，最后终于杀死了他的妻子，其原因竟然是他忍受不了妻子的唠叨。据这位丈夫说，他的妻子总是能够围绕一件不起眼的小事说上三天三夜，这都快要把他逼疯了——事实上，从他做出的这件事情来看，他已经疯了。

一名32岁的坦桑尼亚男子曾经用一瓶驱虫剂过早地结束了自己的生命。人们在他的尸体旁发现了一个药瓶和一封信，他在那封信里写道：我决定立即结束我的生命，因为我的妻子总是喋喋不休。

我无意把婚姻生活不美满的原因全部归结到女人们的唠叨上——实际上，在所有这样的事情当中，另一个人同样也可能犯很严重的错误——我想说明的只是，如果你确实意识到自己喜欢唠叨不休，并且这种唠叨正在破坏你的婚姻生活，那么，你应该毫不迟疑地结束它。

控制情绪，而不是让情绪控制你，你可以参照以下方法：

（1）动脑筋想一想，看看还有没有其他办法。不可能只有一种方法能使对方听从你，唠叨不应当是你的首选。

（2）尽量只把话说一遍——如果确实很重要的话，不要超过三遍——然后忘了它。

（3）用理智来控制你的情绪，不要随意爆发你的感情。每个人都受不了这样的处理方式。

礼貌是婚姻的润滑剂

▶ 与人相处要彬彬有礼，婚姻生活中同样需要彬彬有礼。蛮横无理的人，即使拥有全世界最高尚的品德、最美丽的容貌，也拥有不了幸福的生活。多点礼貌，多点殷勤，爱情甜蜜、婚姻幸福的秘诀其实就是这么简单。

美国杰出的演说家，曾是总统候选人的詹姆斯·布莱恩把自己的女儿嫁给了瓦特·杜鲁芝。小两口的日子非常幸福，他们有什么秘诀呢？

杜鲁芝太太说："婚后我们可以说相敬如宾，我希望年轻的夫妻们在婚姻生活中也要做到以礼相待，无论怎样，蛮横不讲理都是一件令人头疼的事。"

蛮不讲理是爱情的致病菌。人们都知道这点，但也常常忽视它。你会注意到，很多时候，我们对待陌生人，比对待自己的家人还有礼貌。跟陌生人谈话，人们没有随便地打断，更不会偷看别人的信件，但对于家人，人们却做不到这点。

关于礼貌对婚姻和家庭的重要性，亨利·克劳说过："礼貌就是婚姻的润滑剂。"奥利佛·哈姆斯在《早饭的独裁者》这本书里描写的情景，可能在很多家庭里都存在，但他自己家里的情况却不是这样的。他就是喜欢为别人着想，从不让家人看自己的脸色，哪怕自己的心情很不好，他也喜欢一个人忍着。

哈姆斯这样做到了，我们一般人呢？我们中的大多数人，工作上遇到了麻烦，通常的做法就是回家向自己的家人发火。

荷兰人有个好习惯，回家进屋前，先把自己的鞋子脱下来放外面。这是我们应该学习的，这就是说，不能把外面的麻烦带到家里来。

威廉·詹姆斯写过一篇文章，题目是《人的某种忽视》，这是一篇值得我们好好看的文章。他这样写道："现代人老是忽略了动物和人的感情，但我们就是因为这种忽视而备受折磨。"

工作时很多人不会对工作伙伴发火，但很多人，却常常粗暴地对待自己的妻子。也许他没有意识到，婚姻比工作与幸福的关系更密切。

徜徉在幸福婚姻中的人，通常比单身的天才更幸福。俄国伟大的小说家、在世界文学史上有不朽地位的屠格涅夫曾说："要是有个女人真正关心我，让我下班后回家吃晚饭，我情愿放弃所有作品和我写作的才能。"世上有多少幸福的夫妻？在桃乐丝·狄克斯看来，幸福的婚姻不足一半。但保罗·波皮诺博士却说："跟事业相比，男人更容易在婚姻上取得成功。十分之七进入杂货买卖行业的男人会失败，但十分之七和女人结婚的男人会成功。"

对于这样的言论，桃乐丝·狄克斯会怎么认为？

她说："人生的旅途上，相对于婚姻来说，事业只是一段插曲，死亡更是微不足道的小事。女人们就无法理解，为什么男人不能把和用在事业上一样多的精力花费在婚姻上。

"对男人而言，一位满意的妻子和一个幸福的家庭比赚100万美元更值得，但99%的男人却不会慎重而真诚地对待婚姻。他的主要精力，都用在他的事业上了。这让妻子们无法理解，事业就跟赌博一样，需要不停地奔波，还要经历挣钱、赔钱的折磨，为什么他们还如此痴迷而不匀出来时间爱护自己的妻子呢？

"男人们都知道，他的妻子希望他夸自己两句，为此她心甘情愿地为他做任何事。他也知道，要是他对她理家的才能赞美上两句，她就能更节约、更勤奋地打理家务；他还知道，他赞美一下她去年买的衣服，她就不会再花钱买新的了；他还知道，他能把妻子吻得闭上眼睛，不管任何不顺心的事；他还知道，他能吻得让她什么牢骚也说不出来。

“妻子们也知道丈夫们了解这些，但他们就是不这样做，反而用花钱的方式来表示，比如，请她出去吃饭，买新衣服给她穿，买新车给她开，等等，就是不愿意赞美两句，体贴一下，这让她分不清楚，他对她的爱是不是真的。”

蒙哥马利是英国历史上著名的军事家。他在38岁的时候，仍旧是一个光棍。直到1926年，他的生活才因为遇到了卡菲尔夫人而发生了改变。

没有人想到这个声名显赫的将军会爱上一个军人的遗孀，但是蒙哥马利并不在乎这一点，他在乎的只是他对卡菲尔夫人的爱情。一年后，他们在齐奇克教区的一个教堂里举行了婚礼，正式开始了他们幸福的婚姻生活。

蒙哥马利并不像一般的军人那样脾气暴躁，在整个婚姻生活中，他几乎没有什么粗鲁和没有教养的言行，相反，他对自己的妻子从来都是礼貌有加，而且似乎有说不尽的甜言蜜语。当贝蒂·卡菲尔做了一件家务的时候，他总是会对妻子说一声“谢谢”；他总是赞美他的妻子很漂亮，在平常的日子里，他也总是说一些话来逗她开心。他千方百计地使他的妻子感到幸福和满意，自己也因此得到了满足。

1937年的春天——这时候，他们的婚姻已经进入了第十个年头——贝蒂在海边散步的时候，不幸被一只毒虫咬了，因为毒性发作而被送往当地的乡村医院。蒙哥马利赶到医院，寸步不离地守护着贝蒂。最后，贝蒂在蒙哥马利的怀里安然逝去。在她临死前的几分钟，蒙哥马利还在为她朗诵《圣经》和赞美诗，但是再也不能唤醒他亲爱的妻子了。

应该说，贝蒂是幸运的——我指的不是蒙哥马利在她死后没有再娶，她是他唯一的妻子——我想说的是，这个世界上的大多数女人好像都不如她那么好运，她们的婚姻生活似乎并没有那么幸福、浪漫。

有些男人婚前婚后判若两人：婚前甜言蜜语、殷勤体贴，婚后却冷若冰霜、置之不理。对此，康奈尔大学文理学院院长列奥纳多·S.柯瑞尔博士认为，幸福的婚姻只属于那些心灵成熟、了解自己、善于和他人建立良好关系，而且任何事情都能为他人的幸福着想的、富有责任感的人。他还提出了保持婚姻完美幸福的秘方，他说：“一家人是通过内在价值，例如，情爱和伴侣等的满足而结合在一起的，这种内在价值是无法强求的。”

适当地对妻子表现出殷勤，并不会给男人的公共形象造成任何损害，反而会促进夫妻之间的感情。

“婚姻是我们个人是否成熟的最好试金石，”国际婚姻指导委员会主席、德鲁大学人际关系学教授大卫·R.梅斯说道，“如果你不想关心别人，任何人都可以单独生活。但是，你若想和另外一个人亲密地共同生活，就必须具备关心他人的能力……这是一个人成熟与否的标志。婚姻有两种结果，或者让我们变得成熟，或者让我们承受不成熟所结出的苦果。”

因此，要想生活幸福，请记住下面这个原则：

多点礼貌，多点殷勤。

后记

卡耐基说话技巧与人际交往

35年来，美国出版商出版了20多万部各种不同的书，其中大部分是枯燥乏味的，许多是亏了本的。有一位世界上一流的出版公司的负责人在不久前对我承认说，他公司拥有75年的出版经验，可是每出版8本书，依旧有7本书是亏本的。既然如此，我又如何还敢冒险再写这本书呢？而且在我写好后，你又为什么要花费时间和精力去读它呢？

（1）我为什么要写？

从1912年开始，我在纽约市开设了专业商界人士教育培训的机构。最初，我只开设了演讲的课程。课程的目的是运用实际经验，训练成人在商业洽谈和团体中，依照自己的思想更清晰、更有效、更镇静地表达自己的想法。可是经过几季后，我发觉到这些人，固然深切地需要有效的讲话训练，但他们更迫切地需要在日常生活及交际上跟人相处的技术训练。

我自己也渐渐觉察到，自己也深切地需要这种训练。我现在回想起那些年来的情形，对自己所缺乏的感到惶恐不安。倘若20年前我手里有这样一本书，那么，它的价值将是无法估量的。

如何应付人际关系，这应该是你面临到的一个最大的问题。如果你是个商人，这个问题尤其值得重视。即使你是家庭主妇，也会有同样的情形。因此，我决定写作这样一本书。

（2）你为什么要读?

许多年前，我们把一套规则印在不比明信片大的一张卡片上。到了下一季时，我们印在一张比过去较大的卡片上。然后下去是印一本小册子，再后是一套小书。每次的尺寸、范围，都加以扩大、充实。直到目前，经过15年的试验和研究，才出现了这本书。

我谈论这本书的成书经历，只是想告诉你，这本书不是按照一般写作模式来完成的，而是像孩子那样成长起来的。它是在实验室中生长发育，是从数千成年人的经验中所产生的。简单来说，这不是一本书，而是一些经验的总结，一些能够让人更加受欢迎的经验总结。

我想，这或许是你选择它的一个理由！读一读，做一做，看看你的人生会发生什么奇妙的变化吧！

祝你好运。